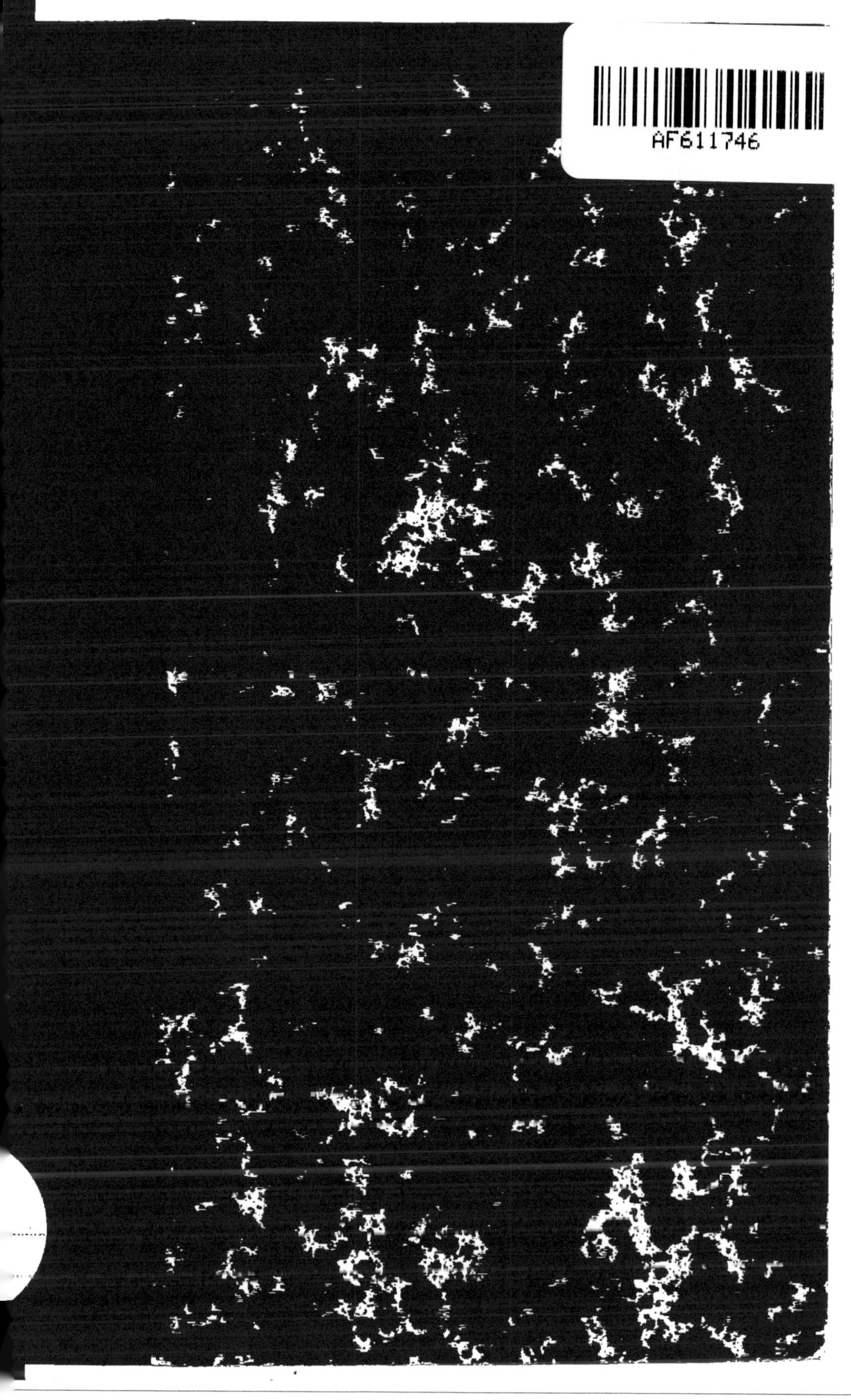
AF611746

HISTORIQUE

DU

TROISIÈME BATAILLON

DE LA

GARDE MOBILE DE LA DORDOGNE.

PÉRIGUEUX. — IMPRIMERIE J. BOUNET, COURS MONTAIGNE, 24.

HISTORIQUE

DU

TROISIÈME BATAILLON

DE LA

GARDE MOBILE DE LA DORDOGNE

(Commandant MARTY)

DÉTACHÉ AU CORPS CATHELINEAU

1870 1871

RÉDIGÉ SUR LES NOTES DE PLUSIEURS DE SES OFFICIERS,

Dédié aux Familles des Mobiles.

.... Quœque ipse miserrima vidi
et quorum pars magna fui.........

PÉRIGUEUX

CHEZ J. BOUNET, IMPRIMEUR-LIBRAIRE,

COURS MICHEL-MONTAIGNE, 28.

1872.

COMPOSITION DES CADRES

DU

3me BATAILLON DES MOBILES DE LA DORDOGNE

AU MOMENT DE LEUR DÉPART DE PÉRIGUEUX.

ÉTAT-MAJOR

	Commandant.........	M. MARTY, chef de bataillon en retraite, de Vergt.
	Adjudant-major......	M. LAGORCE, lieutenant à la 2me compagnie, de Lanouaille.
	Aide-major..........	M. le docteur LOMBARD, de Terrasson.
	Officier-Payeur......	M. GRANGE, sous-lieutenant à la 4me compie, de Villamblard.
1re COMPAGNIE.	*Capitaine*........	M. PHILIPPARIE, de Périgueux.
	Lieutenant.......	M. THIBAULT DE LAGARDE, détaché avec le colonel, de Nontron.
	Sous-Lieutenant...	M. DE TOUCHEBŒUF-BEAUMONT, de Périgueux.
2me COMPAGNIE.	*Capitaine*........	M. BUGEAUD DE REDON, de Lanouaille.
	Lieutenant.......	M. LAGORCE, faisant fonctions d'adjudt-major, de Lanouaille.
	Sous-Lieutenant..	M. REY (Maurice), d'Excideuil.
3me COMPAGNIE.	*Capitaine*........	M. PERROT (Pierre), enseigne auxiliaire de marine, de Brantôme.
	Lieutenant.......	M. LAROUSSIE, de Périgueux.
	Sous-Lieutenant..	M. DE LA BARDONNIE, d'Agonac.

4me Compagnie.	*Capitaine*........	M. Barbarin, d'Excideuil.
	Lieutenant.......	M. Gay (Ernest), d'Excideuil.
	Sous-Lieutenant..	M. Grange, faisant fonctions d'officier-payeur.
5me Compagnie.	*Capitaine*........	M. Eymery, de Périgueux.
	Lieutenant.......	M. de Roffignac, de Périgueux.
	Sous-Lieutenant..	M. N.
6me Compagnie.	*Capitaine*........	M. Dereix (Charles), ancien officier du 2me de ligne, de Mareuil.
	Lieutenant.......	M. Sudrie, de Périgueux.
	Sous-Lieutenant..	M. de Labattut, du Bugue.
7me Compagnie.	*Capitaine*........	M. Isambert, de Périgueux.
	Lieutenant.......	M. Bonnet (Raoul), de Saint-Astier.
	Sous-Lieutenant..	M. de Bois-Bouché, de Maublanc.

PETIT ÉTAT-MAJOR.

Adjudant............	M. Cantelauve, de Bergerac.
Vaguemestre.........	M. de Mallet, de Savignac-les-Eglises.
Caporal-Clairon......	M. Augé, de Coly.

CHAPITRE Ier.

Périgueux. — Amboise. — Blois.

Il y a certains faits sur lesquels il est bon d'édifier le public, trop souvent induit en erreur par des relations plus ou moins exactes. Ce sont ces faits que nous voulons rétablir dans toute leur sincérité, en exposant, jour par jour, toute la conduite du 3me bataillon de la garde mobile de la Dordogne. Bien qu'il ait manœuvré et combattu, pendant toute la campagne 1870 et 1871, avec les francs-tireurs vendéens, il ne sera parlé de ceux-ci que pour la clarté du récit.

M. de Cathelineau a, du reste, dans un ouvrage récent sur nos opérations, rendu pleine justice au courage et au patriotisme des francs-tireurs vendéens, mais il a laissé trop dans l'ombre le bataillon de la Dordogne, qui a conscience, lui aussi, d'avoir fait son devoir dans les malheurs de la patrie. C'est donc pour revendiquer la part de gloire de notre bataillon que nous entreprenons ce livre. Cette relation, très-succincte, n'a pas la prétention de servir à l'histoire ; elle est simplement destinée aux familles dont les enfants ont souffert et lutté avec nous.

Organisé par le commandant Desmaisons, dans le courant du mois d'août 1870, et exercé au maniement des armes et aux manœuvres par ses officiers pendant la fin de ce mois et une partie de celui de septembre, le 3me bataillon passa, dans le courant de ce dernier mois, sous les ordres du commandant Marty, M. Desmaisons ayant été nommé lieutenant-colonel.

Armé le premier avec des fusils de l'ancien modèle, dont la moitié ne pouvaient faire feu, ce bataillon fut aussi le premier désigné pour partir. Après avoir été passé en revue, sur la place Francheville, par le colonel et le préfet, M. Guilbert, dont nous aimons à rappeler le nom, il partit le 25 septembre, accompagné par les autorités de Périgueux, des parents et des amis ; la foule en était d'autant plus nombreuse que le bataillon était formé, en grande partie, des jeunes gens de Périgueux ; le reste appartenait aux cantons de Thiviers, Lanouaille, Saint-Astier, Brantôme, Vergt, Excideuil et Thenon. Inutile de dire que les cadres étaient au complet ; nous ajouterons seulement que tous les capitaines étaient d'anciens officiers ou sous-officiers.

Nous comptions 1127 hommes sous les armes. Un grand nombre portait encore la blouse blanche qui leur avait été donnée en attendant que la tenue réglementaire fût confectionnée ; nous n'avions pas de havre-sacs, une musette de toile en devait tenir lieu provisoirement.

Notre départ de Périgueux s'effectua à six heures du soir, et, le 26, à huit heures du matin, nous arrivions à

Tours, où nous étions reçus par M. Glais-Bizoin, membre du Gouvernement provisoire. Chose singulière, l'autorité militaire n'avait point été prévenue de notre arrivée. Le membre du Gouvernement provisoire nous passa en revue et voulut bien nous faire des félicitations ; ce n'était pas, à coup sûr, à propos de notre équipement ni de notre armement. Les hommes furent envoyés à la caserne de Guise ; les officiers se logèrent tant bien que mal, mal surtout, car le ville se montra peu hospitalière pour la Dordogne.

Le 27 septembre, nos fusils sont remplacés par des chassepots ; on distribue 60 cartouches par homme.

Le 28, nous fûmes dirigés en chemin de fer sur Amboise, devenu l'objectif des Prussiens, disait-on, après la prise d'Orléans, où nous devions rester jusqu'à nouvel ordre.

Le bataillon ne resta pas inactif à Amboise ; tous les jours, exercice, école de peloton ou de bataillon, promenades militaires ; rien ne fut négligé par le commandant et les officiers pour instruire les hommes et leur apprendre leur métier de soldat.

C'est là que nous rencontrâmes un homme dont le nom seul était connu alors, et qui, depuis, s'est fait une réputation, et a eu, sur les destinées de notre bataillon, une haute influence, nous voulons parler de M. de Cathelineau.

Héritier d'un nom justement célèbre, il avait voulu l'illustrer à son tour, et avait fait appel aux hommes de bonne volonté pour *chouanner* les Prussiens. M. de Cathelineau avait établi son quartier-général à Amboise, où il était arrivé quelques jours après nous. Un sentiment commun, celui de la défense nationale, animait francs-tireurs et mobiles ; les rapports qui s'établirent entre eux furent des meilleurs. Nous ne connaissions pas alors M. de Cathelineau, nous trouvions seulement qu'il était beau de sa part de mettre de côté toute espèce de préjugé, pour venir spontanément mettre son épée au service de la France, dont le gouvernement était loin de ressembler à celui de son choix. Nous l'avons vu à l'œuvre et nous l'avons apprécié ; nous n'avons à faire ni son éloge ni sa critique. M. de Cathelineau a rendu de très-grands services ; il en aurait rendu de plus grands encore à l'armée de la Loire, s'il eût été plus libre dans ses allures, s'il n'eut pas été, pour ainsi dire, tenu en suspicion par le gouvernement provisoire ; grâce à son incroyable activité et à sa connaissance parfaite du pays, nous avons pu effectuer heureusement les retraites de Nibelle à Saint-Aignan et de Montmirail à Lagüerche. Malgré les dangers incessants qui menaçaient le corps Cathelineau, aucun désordre ne s'est mis dans les rangs des francs-tireurs et de nos mobiles, qui sont, au contraire, restés compacts et disciplinés.

Notre séjour à Amboise se prolongea pendant vingt jours. Le 2e bataillon, commandé par M. de Nattes, vint nous y rejoindre, et, le 18 octobre, nous reçûmes l'ordre de nous diriger sur Blois.

En partant d'Amboise, notre bataillon emporta l'estime et la sympathie de toute la population, estime et sympathie qu'il avait méritées par sa bonne conduite et sa bonne tenue. De notre côté, nous avons gardé le meilleur souvenir des habitants de cette ville, et il n'est pas un de nous qui ne conserve pour eux dans son cœur un sentiment de reconnaissance.

Arrivés à Blois, le 18 octobre au soir, nous fûmes casernés à la halle. Cette ville nous fut plus hospitalière que Tours. Pendant les quelques jours que nous y passâmes, le bataillon fut orgnisé sur le pied de guerre ; la distribution d'effets de campement et de munitions fut terminée. Nous ne pûmes cependant pas avoir de sacs pour tout le monde, il n'y en eut que cinquante-deux.

Le commandant de Cathelineau était arrivé à Blois peu de temps après nous. Les francs-tireurs étaient à peu près organisés. Il reçut du général Pourcet, commandant le 16e corps, l'ordre d'occuper et de surveiller la rive gauche de la Loire, en amont de Saint-Laurent-des-Eaux.

Sa troupe n'était pas assez forte pour cette mission qui présentait quelques dangers ; il demanda comme troupe de soutien le 3e bataillon de la Dordogne qu'il avait connu à Amboise. Sa demande fut favorablement accueillie et nous dûmes nous séparer de notre régiment, alors réuni à Blois sous les ordres du colonel Desmaisons.

Les conditions étaient d'ailleurs avantageuses.

D'abord, nous entrions immédiatement en campagne ; de plus, nous avions un poste d'honneur.

Les francs-tireurs devaient explorer le pays, et nous étions destinés à leur servir de soutien. Capitaine d'un corps franc, leur chef devait s'entendre avec notre commandant, et tous deux devaient se concerter pour des actions importantes ou décisives. Nul ne prévoyait alors quelle serait la haute position à laquelle arriverait M. de Cathelineau, d'ailleurs brave et habile. Nous ne pensions pas non plus que, après avoir fait bravement son devoir, après avoir concouru de toutes ses forces et sans défaillance à la défense du pays, le bataillon rentrerait à Périgueux sans avoir obtenu une somme de récompense proportionnée aux services rendus.

Tous les bataillons de France ont obtenu quelques médailles pour leurs soldats et leurs sous-officiers ; rien pour les nôtres, et pourtant ils ont montré qu'ils n'étaient inférieurs en courage à aucuns.

Équipés en campagne, nous quittons Blois, le 26 octobre, à dix heures du matin. Notre rôle actif commence.

CHAPITRE II.

Camp des Bordes.

En nous associant à la fortune des francs-tireurs de Cathelineau, nous étions d'accord avec le commandant, qui considérait la guerre de partisans comme seule possible dans l'état de choses actuel. En effet, la garde mobile, principal élément de résistance, était formée de jeunes gens enlevés brusquement à leurs familles, peu disciplinés et sans instruction militaire. Ils formaient une masse considérable, pleine de vigueur et d'entrain, mais bien difficile à faire mouvoir sur un champ de bataille avec la précision et la rapidité nécessaires. Les officiers, en grande partie, étaient à peu près dans le même cas que leurs hommes ; il y avait donc de grands avantages à faire cette guerre de buissons. Chaque soldat savait se servir de son arme, étant plus ou moins chasseur ou braconnier, et, réunis par petits groupes, n'ayant point à se conformer aux règles de la stratégie, ils étaient plus facilement utilisables et pouvaient opposer une résistance plus efficace. Cette opinion du commandant fut partagée par tous les officiers du bataillon, qui adoptèrent avec empressement cette manière de combattre. Aucun d'eux pourtant ne se dissimulait que, dans de pareilles conditions, la guerre était plus pénible, et exposait à plus de privations que si elle eût été faite de toute autre manière. Nos vivres, en effet, n'étaient plus assurés; c'était à nous de nous les procurer; il y avait aussi plus de danger. Le soldat en ligne a l'ennemi devant lui; sa besogne est toute tracée. Pour nous, c'était le contraire; nous allions à la recherche de l'inconnu, devant tâcher de surprendre nos adversaires, de nous renseigner sur leurs mouvements, et éviter de tomber entre leurs mains. Entre le soldat en ligne et nous, il y a la même différence qu'entre le navigateur qui suit une voie déjà frayée et celui qui marche à la découverte de quelque pays dans une mer inexplorée.

Notre colonne prit le nom de corps Cathelineau; elle était forte d'environ 1600 hommes, répartis comme il suit :

Francs-tireurs vendéens divisés en quatre compagnies, organisées quelques jours après en bataillon par suite de l'arrivée de nouvelles recrues de francs-tireurs. 500

Éclaireurs à cheval.................................. 15

3me bataillon de mobiles de la Dordogne, divisé en sept compagnies.................................... 1127

Les éclaireurs étaient tous grands chasseurs, montés sur des chevaux pur sang et habitués à franchir les obstacles de toute nature. Ils nous furent pendant toute la campagne d'une grande utilité et firent, en maintes circonstances, preuve d'audace, d'énergie et de sang-froid. Nous quittâmes Blois le 26 octobre, ainsi que nous l'avons dit déjà; notre première étape fut Saint-Dié. A peine étions-nous arrivés, que le cri « aux armes ! » se fait entendre. Chacun de sauter sur son fusil avec un empressement qui ne s'est jamais démenti par la suite, et de se réunir sur la place dans un ordre parfait; les Prussiens arrivaient, nous dit-on, par la route de Saint-Laurent. Nous les attendîmes, pendant deux heures, à l'entrée de Saint-Dié; après quoi, chacun regagna son logement, à l'exception de la 2me compagnie, qui fut laissée en grand'gardè. Nous étions déjà bien près de l'ennemi. Les tambours et les clairons étaient supprimés; plus de chansons de marche; le cornet du commandant et le sifflet des chefs de compagnie étaient les seuls signaux auxquels nous devions prêter l'oreille.

Le 27 octobre, nous arrivions à St-Laurent-des-Eaux; la ville était occupée par un bataillon de chasseurs à pied et un escadron de dragons; le 28, nous campions dans un petit bois en avant de ce bourg fortement menacé, à Moque-Baril, et le lendemain, après avoir eu encore une fausse alerte, nous allions dresser nos tentes au bois des Bordes, sur la rive gauche de la Loire, près de Lailly, incendié et pillé deux jours avant par les Prussiens.

Nous étions dans une excellente position. — De là nous dominions la route d'Orléans. — En avant, nous étions protégés par une grande étendue de vignes, derrière nous et sur nos flancs par de vigoureux taillis suffisamment élevés; nous avions les francs-tireurs à notre droite, disséminés autour d'un moulin, où M. de Cathelineau avait établi son quartier-général; le camp fut bientôt installé, chaque compagnie avait son cantonnement désigné à l'avance; les sentinelles furent placées sur la lisière du bois, les grand'gardes établies, enfin toutes les dispositions nécessaires en pareil cas furent prises par le commandant et les officiers.

Nous devions être d'autant plus circonspects que le

poste était dangereux; un général avait même prétendu qu'une brigade n'était pas suffisante pour l'occuper. Nous donnons ce propos sous bénéfice d'inventaire; s'il a été réellement tenu, il est probable qu'il s'agissait de notre premier campement au lieu dit de Moque-Baril, lequel était, en effet, très-désavantageux quoique plus en arrière.

Le commandant avait placé sa tente au centre du bataillon, c'est-à-dire au milieu de la 4e compagnie. Non loin de là, Papin, le cantinier, avait établi ses fourneaux où se confectionnait la cuisine des officiers et de tous ceux à qui leur budget permettait un extra.

M. Papin n'était pas un de ces vulgaires cantiniers comme on en voit tant à la suite des troupes en campagne. Il avait quitté une position acquise, pour s'associer à la fortune de notre bataillon, moins dans l'espérance d'un gain très-aléatoire, que dans l'intention de se rendre utile. A la moindre alerte, nous l'avons vu prendre son chassepot et venir dans nos rangs. Il nous a suivi partout, et, sans sa bonne volonté, nous pouvons dire, sans son dévouement, le bataillon tout entier aurait eu à subir, plus souvent qu'il ne lui est arrivé, les dures épreuves de la faim. Ce tribut d'éloges et de remercîments lui est légitimement dû.

Dans chaque compagnie, les hommes faisaient leur cuisine; le bois se trouvait sur les lieux, les provisions arrivaient en quantité suffisante, et les nombreux lapins que nos hommes savaient parfaitement prendre, étaient pour eux un supplément de nourriture fort apprécié et fort recherché. Les sous-officiers et les mobiles s'invitaient réciproquement; mais plus d'un festin projeté a été brusquement interrompu. C'est là aussi que les compagnies et les chefs furent baptisés d'un sobriquet qui leur resta : la 3e compagnie entre autres devint celle des Gabiers ou de Cherbourg ; son capitaine et son parrain était M. Perrot, enseigne auxiliaire de vaisseau, détaché à la garde mobile ; le commandant devint le père Marty. Rappelons que M. de Cathelineau était devenu Cathelineau tout court, et cette abréviation n'était certes pas une marque de mésestime. M. de Puységur, grand chasseur, devint le père sanglier, et M. Duffour, des francs-tireurs, n'était plus pour nous tous que l'Abyssinien. Au retour d'une excursion de deux ans en Abyssinie, ce dernier n'avait rien trouvé de mieux, pour occuper ses loisirs, que de venir chasser les Prussiens ; il s'en acquittait à merveille, et il était, soit-dit sans offenser personne, le plus hardi et l'un des plus braves parmi les éclaireurs à cheval.

De francs-tireurs à mobiles les rapports furent excellents jusqu'au moment où le journal de Blois publia un article tout à la gloire des Vendéens, et dans lequel les mobiles de la Dordogne étaient complétement oubliés. La Dordogne s'en émut ; si le corps Cathelineau tout entier s'était distingué, ne devions-nous pas revendiquer une large part dans ce qui s'était passé ? Les Vendéens étaient cinq cents, et nous étions mille ; une réclamation fut adressée au commandant des francs-tireurs. M. de Cathelineau écrivit au rédacteur la lettre suivante :

« *A M. le rédacteur du journal de* LOIR-ET-CHER.

» Avant-postes de la rive gauche, 5 novembre 1870.

» Monsieur,

» Je viens de lire, dans votre journal du 1er, votre relation inexacte, mais bien intentionnée sans doute, d'un fait qui s'est produit le jour indiqué. Vous ne pouvez ignorer qu'à côté du corps franc de la Vendée se trouve, pour agir en commun, le 3me bataillon des mobiles de la Dordogne. Nos rapports sont intimes; les officiers des deux corps s'aiment comme des frères. Les soldats ont entre eux les mêmes sentiments, ce qui veut dire que tout ce que nous pouvons faire doit servir à la gloire de tous.

» Nous n'avons malheureusement, jusqu'ici, pu rencontrer l'ennemi qu'en bien petit nombre; mais nous avons repris les positions perdues, purgé le pays de tous les ravages qui s'y faisaient avant notre arrivée, et nous réclamons pour le corps tout entier : bataillon de la Dordogne et corps francs de la Vendée, le juste honneur qui lui revient.

» Agréez, etc. » CATHELINEAU. »

Cette lettre, digne et convenable en tous points, donnait légitime satisfaction à tout le monde ; malheureusement, l'incident se renouvela depuis.

Un léger nuage, un point noir, commençait dès-lors à se dessiner entre les deux corps.

En résumé, les Bordes furent un campement agréable où le soldat était bien. L'eau était bonne, mais un peu éloignée ; il fallait aller la chercher au moulin, quartier-général des francs-tireurs, ou au château de M. Caillard, ancienne résidence d'Eugène Sue, et l'une des habitations les plus agréables que nous ayons vues.

L'état sanitaire fut assez bon : quelques hommes furent atteints de la petite vérole; mais les hospices voisins nous prirent les plus malades ; les autres, atteints moins gravement, guérirent sous la tente, car nous ne savions où les mettre, tant les hôpitaux étaient encombrés. Quelques cas de dyssenterie se produisirent aussi, mais on en eut promptement raison.

Nous restâmes aux Bordes jusqu'au 9 novembre. Voici, jour par jour, quel y fut l'emploi de notre temps.

Le 29, une reconnaissance de 100 hommes fut envoyée du côté de Lailly.

Le 30, reconnaissances dans différentes directions sans rien trouver. On prévient M. de Cathelineau que le lendemain, dans la matinée, un parti allemand, composé d'infanterie et de cavalerie, doit se porter sur les villages de Dry et de Lailly. Les dispositions sont prises aussitôt ; outre les gardes et les cuisiniers, on laissera dans chaque camp une compagnie, sous les ordres d'un capitaine, et le reste de la troupe marchera à l'avance de l'ennemi.

Le 31, à quatre heures du matin, notre bataillon, guidé par un homme sûr, se met en marche. Sans sortir du bois, nous décrivons une courbe sur notre gauche, de façon à intercepter à l'ennemi la route de Cléry et à le rejeter soit sur nos camps, soit sur Moque-Baril, occupé depuis la veille par un bataillon de marche. A sept heures du matin, nous étions en bataille par colonnes de division, à cheval sur la route d'Orléans, en avant et en face de Dry. A l'entrée du village, nous apercevions, à 1500 mètres environ, 25 ou 30 cavaliers prussiens. Si les renseignements du 30 étaient exacts, le gros de la colonne ennemie n'était pas loin, mais, se voyant surpris, il pouvait tenter de s'échapper à notre droite, en suivant le bord de la Loire. M. de Cathelineau se jette de ce côté avec ses hommes et deux de nos compagnies pour empêcher le mouvement.

Le commandant Marty fait déployer son monde en tirailleurs avec ordre de marcher en avant et de ne tirer qu'à 600 mètres ; mais les Prussiens ont déjà vu nos dispositions ; ils tournent bride et vont nous échapper. Le feu commence aussitôt ; nous voyons distinctement tomber quelques cavaliers ; on nous riposte par quelques coups de carabine, mais sans dommage pour personne, et nos hommes avançaient toujours. Les cavaliers se divisent alors en deux groupes, qui se dirigent, l'un à droite, du côté de la Loire ; l'autre, à gauche, sur Jouy.

En arrivant sur le lieu de combat, nous trouvâmes trois chevaux morts, dont un blanc, que nous avions remarqué pendant l'action et qui devait être monté par l'officier commandant le détachement ; nous ne voyons ni morts ni blessés, mais de larges taches de sang que l'on pouvait suivre à une grande distance.

Les francs-tireurs étaient accourus au bruit de la fusillade et nous rejoignirent à l'entrée de Dry ; là, nous apprîmes que l'infanterie annoncée n'était pas sortie de Cléry. Nous fouillâmes toutes les fermes environnantes, mais sans résultat.

Qu'étaient devenus les cavaliers blessés ou démontés que nous avions devant nous ? La version la plus vraisemblable, c'est qu'ils furent cachés par quelques fermiers voisins, et qu'on profita de la nuit pour les recueillir. Que nous n'ayons trouvé ni mort ni blessé, il n'y a rien d'étonnant ; nous en avons eu l'explication plus tard. Un grand nombre des cavaliers sont fixés à leur selle au moyen d'un système de courroies faciles à défaire si le cheval est tué; si l'homme est tué, il ne peut tomber, et le cheval l'emporte.

Cette première affaire, où nos mobiles firent preuve d'entrain et d'obéissance, eut un excellent résultat. Elle leur donna de la confiance. Ils rentrèrent tous fiers d'avoir vu l'ennemi, de l'avoir mis en fuite.

Le 1er novembre, reconnaissance sur Dry et Jouy sans résultat.

Le 2, ordre aux troupes de ne pas se montrer à découvert et de se tenir constamment dans le bois.

Le 3, deux compagnies de Vendéens et deux des nôtres sont envoyées en ambuscade sur les routes de Dry et de Jouy; il était trois heures du matin. Le reste des troupes, moins la garde habituelle du camp, fut placé en réserve, francs-tireurs à Lailly et mobiles dans la forêt, en arrière de l'ambuscade de Jouy. Une dizaine de cavaliers prussiens, qui s'étaient avancés entre Dry et Lailly, tombèrent dans l'ambuscade des francs-tireurs; un incident leur donna l'éveil, et ils déguerpirent vivement, non sans essuyer une fusillade assez bien nourrie; les francs-tireurs amenèrent un Bavarois blessé au bras : c'était un hussard rouge, qui, après avoir été pansé par le médecin de notre bataillon, fut dirigé sur l'ambulance Cathelineau. On trouva dans ses poches un jeu de cartes, une bible et un plan de Paris de 1820!

Ce jour-là, nos mobiles étaient tellement animés qu'ils voyaient partout des Prussiens : apercevant quatre cavaliers et quelques piétons qui traversaient un champ, ils se glissent derrière les haies attendant que ceux qu'ils supposaient être des ennemis soient à leur portée. Fort heureusement leur manœuvre avait été aperçue ; on déroula le drapeau blanc à croix rouge, et nos hommes ne tirèrent pas. Ils auraient fait feu sur deux officiers des francs-tireurs, leur adjudant-major et leur médecin qui allaient soigner les blessés.

Le 4, l'ennemi était signalé à Jouy-le-Pothier ; il devait y faire des réquisitions ; tout le monde s'y portait, s'y plaçait pour l'attendre ; mais personne ne vint. Disons-le à la honte de quelques habitants, soit par lâcheté, soit par appât du gain, ils renseignaient l'ennemi, le cachaient et favorisaient sa fuite par tous les moyens. Nous devons dire aussi que les hulans avaient des moyens de persuasion très-efficaces. Ils ne se contentaient pas de menacer, l'action suivait souvent la parole ; les enfants étaient maltraités, les femmes violées, les hommes assommés pour peu qu'on fit mine de leur résister et de s'opposer au pillage. A la moindre voie de fait, c'était pis encore ; c'est ainsi qu'ils incendièrent le village de Lailly, dont quelques habitants avaient prêté main-forte à une compagnie de chasseurs à pied qui, peu de jours avant notre arrivée, s'y était héroïquement défendue.

Le même jour, une note du quartier-général de Blois recommandait de surveiller attentivement les routes de la forêt communiquant à Beaugency et à Jouy, afin d'arrêter au passage un troupeau de bétail de 800 têtes destiné aux Prussiens et vendu par un Français. Des patrouilles et des reconnaissances furent organisées dans ce but ; les éclaireurs coururent tout le pays, mais on ne put rien découvrir.

Le 5, deux compagnies retournaient à Jouy, et le reste

du bataillon allait, avec les francs-tireurs, faire une reconnaissance sur Beaugency qui venait d'être réoccupé par les Prussiens ; quelques coups de feu furent tirés sans résultat.

Le 6, reconnaissance des francs-tireurs et de deux compagnies de mobiles à Beaugency. Echange de coups de fusils d'une rive de la Loire à l'autre ; quelques ennemis tués.

D'un autre côté, deux compagnies vont en reconnaissance sur Jouy. — Un détachement de cavalerie prussienne prend la fuite sans qu'on puisse tirer.

Dans la même journée, nous capturions un troupeau de 179 moutons qui furent amenés au camp et expédiés de là à l'intendance de Mers qui en donna un reçu au crayon. — C'est le seul bénéfice qu'en ait retiré le corps Cathelineau ; si l'armée de la Loire a profité de cette prise, le 3me bataillon de la Dordogne ne se plaindra pas.

Le 7 au matin, le bataillon part en reconnaissance, une partie du côté des digues de la Loire avec le commandant, et l'autre partie divisée en petits détachements. — Le capitaine Perrot arrive avec sa compagnie dans le village de Dry ; il est averti que quelques cavaliers sont sur la route, suivis d'environ 300 fantassins. Le commandant, prévenu aussitôt, essaye de couper la retraite aux Prussiens par un mouvement tournant ; pendant ce temps, le capitaine Perrot déploie ses hommes en tirailleurs à travers vignes, de façon à pouvoir tirer sur la route au passage des cavaliers, mais ceux-ci avaient aperçu le mouvement, et toute la troupe rebrousse chemin en toute hâte du côté de Cléry. — Vers midi, nous rentrions au camp.

Le 8, tout le bataillon part en reconnaissance dans la direction de Cléry. A trois kilomètres de la ville, nous apercevons deux cavaliers en vedette à un tournant de la route ; des paysans nous disent que les Prussiens ont fait de nombreuses réquisitions à Cléry, et qu'ils sont sur le point de les conduire à leur camp de St-Mesmin. On nous montre des circulaires autographiées du général de Thann, invitant les habitants à lui fournir des chevaux et des charrettes. Aussitôt la 1re et la 3me compagnies sont lancées en éclaireurs de chaque côté de la route, pendant que le reste du bataillon s'avance au pas de course sur le chemin de Cléry. Les Prussiens, avertis, quittent au plus vite le village, laissant les voitures déjà chargées. Le capitaine Perrot se précipite en avant avec sa compagnie pour leur couper la retraite ; mais, si rapide que soit l'allure donnée à son monde, il ne peut y parvênir, et le prix de la course reste à l'ennemi. Il revient nous joindre à Cléry qu'il avait dépassé de beaucoup, et nous trouve en possession d'un convoi de cinq voitures chargées de paille, de foin et d'avoine, dont la valeur avait été soldée par les destinataires. Nous regrettons de dire que le maire de Cléry nous blâma fortement de nous être emparés de ce convoi ; il craignait un retour de l'ennemi et se lamentait sur les dangers auxquels nous exposions ses administrés. Notre commandant lui fit bien vite entendre raison. De nombreux placards du général de Thann tapissaient les murs de Cléry ; ils furent promptement enlevés par les soins du commandant Marty ; le maire était en même temps prévenu que nous reviendrions le lendemain matin, et qu'il serait fusillé si on trouvait une seule affiche prussienne. Deux heures après, nous regagnions notre camp, escortant la prise que nous venions de faire.

Le lendemain 9, nous recevons, vers une heure, l'ordre de lever le camp pour aller occuper Cléry. Les deux commandants avaient résolu de marcher en avant. Le commandant Marty, dont le campement était trop éloigné des points à surveiller, réclamait ce changement depuis plusieurs jours. Depuis le matin, le canon grondait sur la rive droite de la Loire ; c'était la bataille de Coulmiers. A quatre heures, nous arrivons à Cléry, d'où les Prussiens venaient de partir précipitamment depuis une heure, en se dirigeant sur Orléans. C'était bien un indice de retraite, que vint corroborer, du reste, un peu plus tard la nouvelle du succès de notre armée de la rive droite. Il fut résolu qu'après un repos de deux heures, nous continuerions notre marche en avant. Nous partîmes donc à six heures du soir, suivant pas à pas, et sous une pluie battante, l'ennemi qui fuyait devant nous. Arrivés à Saint-Hilaire, il fallut donner un peu de repos aux hommes ; les Prussiens venaient de l'abandonner, et nos officiers achevèrent le dîner qui avait été servi pour les Allemands. Cette halte fut courte. Nous traversâmes le Loiret sur un pont à moitié démoli, sur lequel les hommes durent passer un à un, et nous entrâmes à Orléans, à onze heures du soir, salués par les uns comme des libérateurs, pris par d'autres pour des Prussiens qui vont renforcer le corps d'Orléans.

Il nous sera difficile d'oublier le camp des Bordes ; c'est là que nous avons, pour la première fois, vu l'ennemi et essuyé son feu ; c'est là que nous avons commencé le métier, et c'était réellement merveille de voir avec quelle rapidité nos hommes s'étaient accoutumés à ce nouveau genre de vie, si peu en harmonie pourtant avec les habitudes de quelques-uns, auxquels un beau nom et une grande fortune avaient présagé tout autre chose. Ce n'étaient pas ceux-là qui montraient le moins de bonne humeur et d'entrain.

Pendant notre séjour aux Bordes, nous apprîmes la reddition de Metz. Ce douloureux événement ne nous abattit point; nous espérions que la France pourrait encore se relever; nous partîmes pour Orléans, pleins de confiance dans l'avenir.

Notre occupation avait porté ses fruits; peut-être l'ennemi, ignorant notre petit nombre, trompé par les reconnaissances continuelles que faisait le corps Cathelineau, et croyant, en raison de ce va et vient incessant de troupes, avoir à faire à de nombreux adversaires, quitta peu à peu le pays et renonça à y faire des réquisitions. Peut-être aussi fut-il effrayé de l'audace de cette poignée d'hommes qui venait brusquement s'installer à deux pas de lui, qui le harcelait constamment, le gênait dans ses réquisitions et lui montrait qu'elle était disposée à défendre à tout prix le poste qu'on lui avait confié. Nous lui faisions la chasse avec ardeur, car chaque jour nous passions devant les ruines de Lailly, incendié par les envahisseurs. Ces pans de murs écroulés, noircis par la fumée, ces maisons vides, ce village presque abandonné, la désolation de ceux qui restaient, tout ce pays ravagé et ruiné, nous inspirait une haine profonde contre les auteurs de tant de désastres.

Nous n'avions pas fini avec eux; nous devions les retrouver bien souvent; nous avions attaqué, bientôt nous aurons à nous défendre.

CHAPITRE III.

Orléans. — Neuville-aux-Bois. — Chilleurs. — Chambon. — Beaune-la-Rollande. — Nibelle. — Retraite de la Loire.

Le 9 novembre, avons-nous dit, vers onze heures ou minuit, après avoir marché toute la journée, mouillés jusqu'aux os, nous entrions dans Orléans, ayant traversé la Loire sur le pont miné que les Prussiens avaient oublié de faire sauter dans leur fuite précipitée, si précipitée qu'ils avaient oublié un poste de 30 hommes à la porte Bannier. A notre entrée dans la ville, où ne se trouvaient bien entendu aucunes troupes françaises, tout était fermé. Les quelques habitants qui, sur notre passage, mirent le nez à la fenêtre, se demandaient, tout bas, quelle pouvait être notre nationalité. Enfin, à l'hôtel-de-ville, on divisa les hommes par petits groupes, et quelques pompiers qui s'étaient empressés d'occuper le poste après le départ de l'ennemi, les conduisirent dans les maisons voisines. Chaque porte s'ouvrit à ce cri : « Ce sont des Français qui vous arrivent ». Nous pouvons dire avec orgueil que le corps Cathelineau a été le premier à entrer dans Orléans après l'évacuation du corps bavarois; d'autres troupes arrivèrent à huit heures du matin, qui avaient assisté à Coulmiers. A peine était-il cinq heures, que tout le monde était sur pied. Bon nombre de bavarois venaient se rendre, d'autres étaient pris dans les maisons ou aux environs; nos ennemis n'avaient d'ailleurs pas envie de se défendre, et le sergent Ramadout, avec deux ou trois de ses camarades, nous amena cinq ou six prisonniers. Les bavarois paraissaient prendre leur parti assez gaîment; les Prussiens, en petit nombre, il est vrai, avaient tous l'air farouche et consterné. A neuf heures, nous étions tous réunis sur la place de l'Hôtel-de-Ville, et beaucoup portaient au bout de leurs fusils des fleurs qui leur avaient été jetées par la population toute joyeuse de ce changement de choses. Après l'appel, le commandant Marty accompagna M. de Cathelineau à un service solennel célébré à la cathédrale. Pendant ce temps, la razzia continuait; les francs-tireurs prirent assez de chevaux pour se remonter en partie. Dans le courant de la journée, des havre-sacs furent délivrés à nos mobiles, qui ne savaient plus où placer leur bagage ; si restreint qu'il fût alors, leur musette était insuffisante, incommode, et déjà hors d'usage; nous les trouvâmes dans des magasins remplis d'objets d'habillement et d'équipement avec des armes françaises, épaves de nos désastres récens. — Le tout, bien qu'en mauvais état, nous fut très-utile. Nos hommes profitèrent de cette bonne aubaine, et ils complétèrent tant bien que mal leur tenue de campagne, insuffisante au jour du départ, et qui n'avait plus de nom au moment où ils mirent la main sur les prises de l'ennemi.

La ville s'était transformée, les habitants furent excellents pour nous; malheureusement les provisions manquaient, et la bonne volonté ne put suppléer à leur absence. De tabac pas une miette: partout où l'ennemi passait, le cognac, le vin rouge, le tabac, étaient immédiatement recherchés et enlevés. Nous reçûmes avec plaisir l'ordre de marcher en avant ; tout le monde était d'ailleurs plein d'ardeur : le premier succès remporté par les armées françaises et ceux que nous avions remportés nous-mêmes, quoique moins éclatants, nous avaient aiguillonnés, et nous nous voyions déjà culbutant les Prussiens et entrant dans Paris !

Enfants perdus de l'armée de la Loire, notre place n'était plus à Orléans ; nous devions recommencer le lendemain de nouvelles aventures qui devaient, hélas ! n'aboutir qu'à une retraite glorieuse pour le corps Cathelineau, mais désastreuse pour l'armée de la Loire, parce que chefs et soldats y perdirent la confiance qu'ils avaient les uns dans les autres !

Le corps Cathelineau, dont nous avons déjà indiqué la composition, s'il n'avait pas été jusqu'alors éprouvé par le feu des batailles, avait déjà pourtant rendu de grands services à l'armée de la Loire, en assurant sa sécurité sur la gauche. — En quinze jours, l'activité constante de cette poignée de jeunes soldats avait balayé l'ennemi depuis Saint-Laurent jusqu'à Orléans ; il avait mérité la reconnaissance des habitants, délivrés d'une horde de pillards. Il avait vu ses opérations qualifiées de faits légendaires par les feuilles d'Orléans. Malgré tout, ce corps si dévoué et notre bataillon restèrent dans un oubli complet, tandis que grades et décorations pleuvaient sur l'armée de la rive droite.

Pendant ce temps, que se passait-il à Périgueux ? On doutait du 3me bataillon ; on se demandait ce que nous faisions ; on nous accusait même de mollesse et de lâcheté. Nous étions, disaient quelques bonnes âmes, cachés dans les bois pour ne pas nous battre. Nous verrons plus tard comment et grâce à qui tous ces bruits calomnieux furent démentis.

Le 12 novembre, nous étions rangés sur le boulevard de l'Hôtel-de-Ville, et, à onze heures du matin, nous quittions Orléans, à destination de Neuville-aux-Bois.

La route avait été coupée sur un grand nombre de points ; nous fûmes donc obligés de prendre les chemins de traverse. Le mot de chemin est un véritable euphémisme, car, bien souvent, nous avons passé à travers champs, et ces chemins, puisqu'il faut les appeler ainsi, étaient tellement boueux, tellement mauvais, qu'on s'y enfonçait jusqu'aux genoux. Arrivés à Bougy, nous dûmes nous séparer des francs-tireurs, et nous gagnâmes Neuville par la route.

Nous ne voulons pas faire la description de toutes les villes ou de tous les villages que nous avons traversés, ce serait long ; mais nous ne devons pas oublier deux choses remarquables : cette belle place, sur laquelle nous nous sommes arrêtés, et l'église ; c'est du haut du clocher que quelques-uns de nos officiers, munis de leurs lorgnettes, et souvent même à l'œil nu, observaient les mouvements de l'ennemi, dont nous étions alors très-rapprochés. Ses patrouilles sillonnaient le pays. Une heure avant notre entrée à Neuville, les Prussiens l'abandonnaient par la route de Toury.

Comme toujours, le corps Cathelineau et notre bataillon étaient aux avant-postes, à l'extrême droite de l'armée. Nous fûmes bien reçus par les habitants. Notre présence les débarrassait des innombrables réquisitions qui leur étaient faites journellement.

Nous avions pour consigne de garder, de ce côté, les abords de la forêt d'Orléans. Ce n'était pas une mince besogne; les troupes allemandes s'étendaient d'Artenay à Pithiviers; le corps vendéen ne pouvait y suffire à lui seul. Le colonel (M. de Cathelineau venait d'être promu à ce grade en récompense des services que nous avions rendus sur la rive gauche de la Loire, demanda du renfort et obtint qu'un escadron du 10me chasseurs à cheval, capitaine Haupt, déjà cantonné à Neuville, fût mis à sa disposition, en même temps que la légion bretonne, colonel Daumalain. C'était un renfort d'environ onze cents hommes; seulement les Bretons n'étaient pas encore arrivés, et, en attendant, nous devions faire face à tout.

Les postes furent placés; la 1re section de la 3me compagnie fut envoyée en grand'garde au moulin de Saint-Germain, sur la route de Toury, et la 2me section, à une ferme, sur la route de Chilleurs-au-Bois; toutes les autres routes furent également occupées.

Le 14 et le 15, on fit des reconnaissances; la 3me compagnie alla jusqu'à Crottes et à Teillay; de ce dernier point, on distinguait les vedettes placées à Toury.

Le 16 au soir, les 6me et 7me compagnies, sous les ordres du capitaine Dereix, sont envoyées à Chilleurs-au-Bois pour renforcer l'escadron du capitaine Haupt, menacé par un fort détachement prussien; des barricades sont établies à la hâte, et nos hommes tiraillent toute la soirée.

Le lendemain matin 17, l'ennemi revient; M. Dereix fait poster ses compagnies, tandis que les chasseurs vont reconnaître les forces attaquantes, qui sont considérables. Quelques coups de fusils sont tirés ; nos chasseurs poussent quelques charges ; mais l'ennemi répond mollement et se contente d'envoyer quelques obus inoffensifs.

M. Dereix, redoutant une attaque sérieuse, n'avait pas perdu de temps pour faire prévenir le commandant, et, à sept heures du matin, nous partions tous de Neuville pour porter secours à nos compagnies. Nous étions environ à trois kilomètres de Chilleurs, quand nous arrive un messager de M. de Cathelineau nous portant l'ordre de rentrer à Neuville et d'y ramener les deux compagnies parties depuis la veille. Il va sans dire que l'ordre fut aussitôt exécuté. Ce fut dommage, car notre mouvement n'avait point été aperçu de l'ennemi, et nous aurions pu, ce jour-là, leur infliger une rude leçon. Enfin, ce fut un coup manqué à notre grand désappointement.

Vers onze heures, M. de Cathelineau arrivait à Neuville avec ses éclaireurs, et à midi le bataillon reprenait la route de Chilleurs. Il était temps : un détachement plus fort que celui de la veille couronnait, dès huit heures du matin, les hauteurs de Santeaux, moulin à vent, à quatre kilomètres sur la route de Pithiviers. Les postes et les barricades, fortement occupés, le commandant fit sortir trois compagnies et un peloton de dix cavaliers sous les ordres du capitaine Perrot ; deux compagnies furent déployées en tirailleurs, à l'abri des haies et des murs de clôture des jardins ; la troisième resta massée sur le bord de la route, à l'abri d'un pli de terrain formant remblais du côté de l'ennemi ; les cavaliers restèrent sur la route et firent une démonstration en avant. La colonne prussienne, qui n'avait pas bougé, envoya, comme le matin, quelques obus, dont un seul éclata dans une rue de Chilleurs sans blesser personne.

Peu après, les Prussiens se replièrent sur Thoury et Pithiviers, laissant des vedettes sur les routes.

Il est vraisemblable que cette colonne était venue pour s'assurer de quelle façon Chilleurs était occupé. Cette petite ville, traversée par la route d'Orléans et à l'entrée de la forêt, était fort importante au point de vue stratégique; c'était la clef d'Orléans, et c'est par là que le prince Charles a fait plus tard sa trouée. Chilleurs devint notre résidence; nous étions remplacés à Neuville par les francs-tireurs.

Pendant notre séjour à Neuville, il y avait eu encore quelques articles de journal à la plus grande gloire des Vendéens. Nous eûmes à l'instant l'intention de réclamer par la même voie, mais notre commandant nous rappela qu'un militaire ne peut rien faire imprimer sans l'autorisation de ses supérieurs. C'était la règle : il fallut céder; ce jour, nous comprîmes que nous n'étions pas et ne pouvions pas être les camarades des Vendéens, que nous devions nous estimer heureux de leur être adjoints. C'était, en effet, beaucoup d'honneur pour nous, gardes-mobiles, de partager les dangers et les fatigues d'un corps d'élite; il est vrai que nous n'avons partagé que cela.

Dans la nuit du 17 au 18, vint à Chilleurs le commissaire de police de Pithiviers portant un billet au crayon du sous-préfet de cette ville : le prince Charles était arrivé avec son état-major et un faible détachement de cavalerie; il venait se mettre à la tête de l'armée. Ce billet faisait prévoir des affaires sérieuses et prochaines.

Le commandant Marty l'envoya aussitôt à Neuville au-colonel Cathelineau.

Le 18 novembre, à trois heures du matin, la 1re compagnie, capitaine Philippary, et la 7me, capitaine Isambert, furent envoyées en embuscade, la 1re à Santeau, et la 7me à Montigny; le reste du bataillon, moins les postes, qui avaient été doublés, partit à cinq heures pour soutenir ses embuscades, accompagné d'un peloton de quinze cavaliers, commandés par un officier. Cette colonne, éclairée par les chasseurs, devait passer par Santeau, lever la 1re embuscade, et, obliquant à gauche en contournant le village de la Brosse, arriver sur Montigny par le côté opposé à Chilleurs. Nous savions que Montigny était tous les jours visité par des hulans. A sept heures du matin, le bataillon avait presque achevé son mouvement; il était à un kilomètre de Montigny, lorsque nous entendons un coup de feu suivi de plusieurs autres, mais à intervalles très-irréguliers. Nos cavaliers se portent au galop sur Attray, petit village situé à cinq cents mètres en arrière de Montigny. Le bataillon suit au pas de course; mais les hulans avaient rebroussé chemin et disparu. Voici ce qui était arrivé : le maire, prévenu la veille par le commandant, avait parfaitement posté l'embuscade ; malheureusement, un des hommes placés en observation, voyant venir un peloton d'une dizaine de cavaliers, précédés comme toujours de trois chevaux, au lieu de prévenir son capitaine par le signal convenu, lâcha son coup de fusil sur le premier arrivant, les autres l'imitèrent; il dut cependant y avoir des blessés, car nous ramassâmes, entre Attray et Montigny, deux lances et un bonnet de police. A neuf heures et demi, nous étions de retour à Chilleurs.

Dans l'après-midi, notre commandant laisse le bataillon aux ordres du capitaine Perrot, et se rend au cantonnement de M. de Cathelineau. Pendant son absence, les escadrons des hulans apparaissent du côté de Montigny. Les hommes sont aussitôt postés pour la défense du village, et des chasseurs sont envoyés dans la direction de l'ennemi, afin de l'attirer sur nous. Peine perdue, les Prussiens sentirent le piége et se rabattirent sur leur camp de Jouy.

Le 19, grand mouvement aux avant-postes français. Neuville est occupé par des troupes plus nombreuses; Chilleurs reçoit des bataillons de turcos, dont l'un, dans la même soirée, est détaché à Courcy ; la légion bretonne arrive enfin et est envoyée, dans la forêt, du côté de Chambon. M. de Cathelineau, qui avait momentanément le commandement général de ces troupes d'avant-garde, alla occuper Ingrannes avec les francs-tireurs vendéens. En passant à Chambon, il eut à tirailler avec une reconnaissance prussienne. A dix heures du matin, nous reçûmes l'ordre d'aller occuper la partie de la forêt faisant face à Chilleurs, tout près de la route d'Orléans, qui avait été coupée en plusieurs points et barricadée d'une façon formidable. Ce passage devait être défendu à tout prix ; nous devions rester constamment sous bois.

La 7me compagnie était demeurée à Chilleurs avec les chasseurs. Dans la soirée, une reconnaissance ennemie vint tout près de Chilleurs ; la 7me prit les armes et coucha à terre quelques cavaliers. Le même jour, notre docteur, qui était resté au village pour y installer nos malades, fut sur le point d'être fait prisonnier. En revenant à notre camp avec ses trois infirmiers et son ordonnance, il fut aperçu par plusieurs cavaliers ennemis qui les chargèrent à fond de train. Bien que la position fut assez critique, ils continuèrent paisiblement leur route. Arrivés à deux cents mètres, les Prussiens, pensant qu'ils étaient sans doute bien appuyés, rebroussèrent chemin, après avoir toutefois envoyé quelques coups de revolvers, dont les balles se perdirent dans l'espace. Il est probable qu'en cette circonstance, ils ne durent leur salut qu'à leur sang-froid.

Le 24, le capitaine Isambert fit arrêter, à Chilleurs, un aubergiste des environs de Montigny, soupçonné de servir d'espion à l'ennemi; cet homme, sous le coup d'une condamnation certaine, motivée par des preuves accablantes, se fit justice lui-même; il fut trouvé, le lendemain, pendu à la fenêtre de sa prison. Nous occupâmes cette position jusqu'au 25 novembre; le même jour, Neuville fut attaqué, mais sans succès.

Notre vie était la même que celle que nous menions aux Bordes, moins les reconnaissances, qu'il nous était interdit de faire. Nous restâmes dans l'inaction; c'était le premier temps de repos que nous goûtions depuis notre départ de Blois. Chacun en profita pour écrire à sa famille, ce que nous n'avions pu faire depuis longtemps; il nous était pourtant encore plus difficile d'en recevoir des nouvelles, et plus d'un est resté pendant toute la campagne sans recevoir une seule lettre; cela se comprend: non-seulement nous avions changé souvent de corps, mais, de plus, nous ne restions pas longtemps au même endroit; nous étions bien la garde mobile. Aussi l'homme le plus important du bataillon, à certains moments, était à coup sûr le vaguemestre, qu'il s'appelât de Mallet, Mosrelon ou Jouannin; c'était avec joie qu'on le voyait arriver, son registre sous le bras et son sac de cuir au côté.

C'est lorsqu'on est si loin des siens qu'on sent mieux le prix de tout ce qu'on a laissé, et la lettre qui vous arrive, si courte qu'elle soit, celle même que reçoit le camarade, et dans laquelle on a glissé un seul mot pour vous, est un puissant reconfortant ; en même temps qu'elle ravive, chez le lecteur, les plus agréables et quelquefois les plus poignants souvenirs, elle l'excite aussi à bien faire, pour qu'il puisse rentrer chez lui la tête haute et dire : « Moi aussi, j'ai fait mon devoir. »

Le 25, le bataillon fut remplacé, dans la position qu'il occupait, par une brigade d'infanterie sous les ordres du colonel Chopin, et, après avoir rallié la 7me à Chilleurs, vint coucher à Nibelle, en passant par Courcy.

Nibelle, bâti dans un pli de terrain, au bord d'un ruisseau, est difficile à défendre. Il est dominé de tous côtés par des coteaux à pente douce ; il n'a d'importance que par les chemins qui y convergent : ceux de Chambon, de Nancray, de Bois-Commun, de Bellegarde et de la forêt, qui sont très-praticables.

Nous restâmes bien peu de temps à Nibelle. Arrivés le 25, nous partions le 26 pour Chambon. L'état-major et la cantine furent logés au château ; la 2me, la 3me et la 4me restèrent au village avec un certain nombre de francs-tireurs ; deux compagnies, la 1re et la 5me, furent envoyées à la gauche, au Petit-Chambon ; la 6me et la 7me, laissées entre Nibelle et Chambon, aux Maisons-Neuves, sont envoyées le lendemain à la tuilerie de Nancray pour surprendre des Prussiens qui venaient réquisitionner ; la légion bretonne et un peloton de chasseurs nous avaient précédés.

Le 27, quelques cavaliers ennemis tachèrent de s'assurer de nos positions.

Le 28, avant jour, tout le bataillon prit les armes ; la 1re et la 5me compagnies furent laissées au Petit-Chambon avec ordre d'envoyer deux sections en éclaireurs sur Bougy et Courcelles ; une section de la 4me et les postes sous les ordres du capitaine Barbarin restèrent pour la défense de Chambon et la garde de nos bagages. La 6me et la 7me furent ralliées à la tuilerie de Nancray, où resta un poste de 25 hommes, commandés par un officier, et, réuni aux Vendéens, le bataillon traversa Nancray et vint couronner les hauteurs qui s'étendent entre Courcelles et Batigny en chassant devant lui quelques coureurs prussiens. Ce dernier village était à notre droite ; plus loin, et dans la même direction, Beaune-la-Rollande. Sur les hauteurs voisines, nous voyions les hulans de tous côtés ; immobiles comme des statues, ils se découpaient sur l'horizon. Du côté de Beaune, nous entendions distinctement le canon et la fusillade, mais par intervalles.

Il était environ neuf heures et demie du matin, nos hommes, déployés en tirailleurs, ne cessaient de marcher à travers les champs de safran et les vignes ; l'action était engagée sur toute la ligne, et nous avancions toujours. Le commencement de la bataille faisait présager pour nos armes un beau succès. A midi, le général Polignac occupait, par son aile gauche, Batilly, et sa droite se heurtait contre Baune, où l'ennemi se défendait avec acharnement. Enfin, arrivés près d'un moulin à vent, entre Batilly et un petit village dont le nom nous fait défaut, nous dûmes nous arrêter. De ce poste, nous voyions, par une échappée, à gauche et en face, la route de Pithiviers à Montargis ; les francs-tireurs étaient à notre droite, nous reliant à la division Polignac. Une section de la 6me, commandée par le lieutenant Sudrie, alla occuper un petit village à 300 mètres de nous. Le reste fut placé en tirailleurs dans l'ordre suivant : 2me, 3me et 4me compagnies, la droite, touchant les francs-tireurs, et la gauche appuyée au hameau ; le tout formant une sorte de potence. La 2me section de la 6me et la 7me, formées en colonne par section, étaient massées à trois cents mètres de la ligne des tirailleurs ; à cinquante mètres en avant de nous, passait le chemin de grande communication du hameau à Batilly.

Dans la marche rapide de notre colonne depuis Nancray jusqu'au plateau de Batilly, le colonel Cathelineau fut prévenu qu'on voyait à Courcelles quelques cavaliers prussiens ; il y envoya cinq éclaireurs à cheval que le commandant Marty fit appuyer par une section de la 2me compagnie, capitaine de Gardonne ; il y eut quelques coups de fusils tirés et un cheval prussien tué. L'ennemi se retira.

Vers deux heures, la bataille devint acharnée ; du côté de Beaune, les feux de peloton se faisaient entendre à toute minute, le canon grondait, et, par-dessus tout, le déchirement des mitrailleuses ; à ce moment, des renforts arrivèrent aux Prussiens par la route de Pithiviers. Cette colonne dont nous ne pouvions évaluer la force à cause de l'éloignement, s'établit en face de notre gauche, et nous commençâmes à recevoir quelques obus ; la plupart s'enfonçant dans la terre fortement détrempée par la pluie des jours précédents, ne faisaient que nous couvrir de boue lorsqu'ils éclataient ; ceux qui tombaient sur le chemin éclataient tous, et leurs débris venaient nous siffler aux oreilles. Deux hommes de la 6me furent blessés ; l'un, Mathias, fortement contusionné, ne quitta pas son rang ; l'autre, Buisson, blessé au bras, fut pansé immédiatement et retourna à sa place. Peu à peu, les projectiles devinrent plus nombreux ; il était évident que notre réserve était prise pour objectif ; le commandant la porta, par une marche de flanc, à deux cents mètres sur la droite, derrière un moulin à vent. Ce mouvement fut exécuté par nos jeunes soldats comme sur un champ de manœuvre.

Ennuyé de la persistance des artilleurs prussiens, le colonel Cathelineau fit demander de quoi leur répondre ; on lui envoya deux obusiers, qu'il plaça en avant de nous, près d'un autre moulin à vent. La 6me et la 7me lui servaient de garde. Nos deux pièces commencèrent à parler activement ; la batterie prussienne leur répondit, et le moulin près duquel elles étaient placées ne fut bientôt plus qu'une ruine. « Pensez-vous, disait le meunier à l'adjudant-major Lagorce, qu'on fera du mal à mon moulin ? » Au même instant, un obus tombait sur le toit et portait la réponse, un autre éclatait entre les jambes d'un cheval sans le blesser. Des cavaliers vinrent pour entrer dans le hameau occupé par Sudrie ; mais ils en furent repoussés par une fusillade des mieux nourries. Nous étions l'extrême gauche de l'armée ; si l'ennemi eut vu notre petit nombre, il eut certainement tenté une trouée par là, et qui sait ce qui serait advenu ? Les heureuses dispositions du commandant Marty y mirent obstacle. Pendant ce temps, la bataille continuait acharnée du côté de Beaune ; le feu était terrible, et, au dire de vieux soldats d'Afrique, de Solférino et du Mexique, jamais fusillade n'avait été plus furieuse. On comprenait qu'il y avait de la frénésie, de la rage des deux côtés.

Quatre heures du soir arrivèrent; le 3me bataillon avait, pendant ce temps, vécu comme il avait pu, les uns de quelques morceaux de pain qu'ils avaient sur leur sac, les autres de ce qu'ils avaient trouvé dans les maisons occupées par Sudrie. Nul, d'ailleurs, ne songeait à manger en pareil moment. Au loin, nous voyions depuis longtemps défiler sur la route de Pithiviers les renforts prussiens; le lieutenant-colonel commandant l'artillerie avait fait demander deux mitrailleuses; on ne put les lui envoyer. Notre rôle n'était pas terminé. A quatre heures, nous nous dirigions sur Batilly; nous traversions le village encombré de blessés, de canons démontés, de soldats de toutes armes, et nous marchions en avant, jusqu'à un petit bois situé de chaque côté de la route. On entendait encore quelques coups de fusil. A deux kilomètres de Batilly, on nous fit faire halte, et tout le monde dut se coucher ou s'asseoir sur la droite de la route, dans un fossé où l'eau nous montait jusqu'à la cheville. Il était alors à peu près six heures du soir; la nuit était complète; de tous côtés, on entendait les lamentations des blessés; les sonneries de l'ennemi et le commandement nous arrivaient presque distinctement. Dans le fond, et tout près de nous, on voyait une lueur rougeâtre, et, de temps en temps, une langue de flammes se découpait; c'était Beaune que les Prussiens avaient incendié avant leur départ. Le 85me de ligne, dont notre commandant avait fait partie pendant trente ans, avait pris une part active à la bataille; il devait encore soutenir la retraite. Obligé de charger à la baïonnette un corps prussien plus opiniâtre que les autres, il dut être remplacé à ce poste périlleux, et c'est au 3me bataillon de la Dordogne que cet honneur fut réservé.

Nous étions donc là pour protéger la retraite de nos troupes victorieuses ce jour-là, mais harassées et hors d'état de tenir tête à un retour offensif. On ne savait, au reste, où était l'ennemi ; s'il était parti ou s'il s'était retiré à quelque distance. Le général Polignac inquiet du silence qui succédait brusquement au bruit de la bataille, voulant en connaître le motif, demanda, pour s'en assurer, des hommes hardis et dévoués. La mission fut sollicitée par le lieutenant Laroussie ; on lui accorda ce périlleux honneur, ses compagnons furent bientôt trouvés. Ces éclaireurs d'un nouveau genre devaient se glisser en silence à travers les broussailles jusqu'aux lignes ennemies et observer leurs mouvements. Le lieutenant Laroussie s'acquitta scrupuleusement de ce dont il s'était chargé, et quelque temps après il revint, nous disant que les Prussiens partaient. Nous entendîmes en effet leur artillerie rouler sur les pierres du chemin. Quelle direction prenaient-ils ? l'obscurité n'avait pas permis de s'en assurer.

Tout était terminé ; nous regagnâmes alors Chambon, et, à onze heures, nous prenions le repos et la nourriture dont le besoin commençait à se faire sentir. Notre journée avait été bien remplie, et, ce soir là, tous ceux qui n'étaient pas de service goûtèrent un repos bien mérité.

Le gain de cette bataille appartient à la France, malgré ses résultats négatifs. Nos troupes sont restées maîtresses du champ de bataille. Le courage et l'ardeur déployés par notre petite armée montrent une fois de plus que les bons chefs font les bons soldats.

On s'était battu à Courcelles, et la légion bretonne s'était bravement conduite.

La 1re compagnie, qui devait surveiller les abords de Chambon du côté de Courcelles, vit de loin l'ennemi se diriger en ligne droite sur Beaune-la-Rollande; la 5me fut plus heureuse. Le capitaine Eymery et le lieutenant de Roffignac avaient établi deux embuscades près de Bougy. Un détachement d'une vingtaine de cavaliers faisant, sans doute, l'office de flanqueurs de la colonne principale dirigée sur Beaune, s'avantura sur la route de Bougy. La première embuscade fit feu et se rallia immédiatement à la seconde, en passant sous bois, comme elle en avait l'ordre; les cavaliers, croyant à une fuite, chargèrent sur la route; arrivés à la hauteur de la deuxième embuscade, ils furent reçus par une vive fusillade, et s'enfuirent en désordre, laissant trois cadavres de chevaux. Nous sûmes, le lendemain, que plusieurs hommes avaient été tués; dans le nombre était un lieutenant-colonel bien connu dans le pays. Les mobiles de la 5me rapportèrent fièrement au Petit-Chambon trois selles, un sabre et un fanion; les fontes ne contenaient pas de pistolets.

Le lendemain 29, nous marchions avant le jour sur Batily et Nancray. En prévoyance d'une rencontre qui pouvait être sérieuse, nous nous étions fait suivre d'un fourgon destiné à ramener nos blessés. A quelque distance du bourg, nos compagnies se divisèrent, et chacun se rendit au poste qui lui était assigné. A peine y étions-nous, qu'un officier d'ordonnance nous donna ordre de regagner immédiatement Chambon; le général de Polignac avait dû quitter dès le matin les positions qu'il occupait la veille; elles étaient maintenant au pouvoir de l'ennemi. Le capitaine Dereix avec la 6me compagnie, et le capitaine Isambert avec la 7me, restèrent dans une ferme, à deux kilomètres de Chambon, sur la route de Pithiviers; ils furent relevés dans la soirée. Pendant notre absence était arrivé à Chambon la brigade Chopin, composée d'infanterie, de cavalerie et d'artillerie; si elle s'était trouvée là vingt-quatre heures plus tôt, l'ennemi aurait été certainement culbuté; nous marchions sur Pithiviers, et tout le sang versé à Beaune-la-Rollande aurait servi à quelque chose. Nous eûmes bientôt fait nos paquets, et peu après, nous rentrions à Nibelle qui était sérieusement menacé. Les Prussiens tiraillèrent quelque peu sur notre gauche, mais sans résultat; les francs-tireurs vendéens allèrent occuper Ingrannes.

La rumeur publique signalait l'ennemi partout; les habitants de la campagne, apportant tout ce qu'ils avaient de plus précieux et affolés de terreur, se réfugiaient à Nibelle ou dans la forêt. Le commandant était convaincu de l'exagération de ces bruits; la prudence exigeait pourtant qu'il prît toutes ses précautions; aussi, malgré la fatigue des jours précédents et la privation de sommeil à laquelle nous étions du reste habitués, des barricades furent rapidement élevées à toutes les issues du bourg; les avant-postes furent placés, et chaque homme dormit près de son arme, attendant la visite de l'ennemi. Quelques coureurs vinrent, en effet, pendant la nuit, blessèrent une sentinelle et s'enfuirent sans que les hommes du poste pussent venger leur camarade.

Le 30, nous vîmes déboucher, par la route de Bellegarde et d'Orléans, des troupes du 18me et du 20me corps, commandées par les généraux Crouzat, Tortonne et

Siégard ; ils étaient accompagnés d'un matériel considérable et de beaucoup d'intendants ; ces derniers n'avaient pas l'habitude de coucher sur la paille, et ne virent rien de mieux que de réclamer les logements que nous occupions. Il y a loin, dit-on, de la coupe aux lèvre ; les nouveaux venus s'en aperçurent : chacun de nous garda sa chambre, à l'exception de ceux qui avaient cru devoir, par déférence, la céder à des malades ou à des officiers généraux. La journée se passa à prendre des dispositions militaires ; on pensait que Nibelle serait attaqué ; on entendait le canon à Bois-Commun, à Chemault et du côté de Chilleurs. Notre bataillon resta deux heures massé au-dessous du cimetière et prêt à tout événement. Il n'en fut rien pour cette fois. Les trois premières compagnies passèrent toute la matinée en grand'garde à une ferme située entre Chambon et Nibelle, de façon à garder l'entrée de la forêt ; elles furent relevées après l'arrivée des autres troupes, vers quatre heures du soir.

Le 1er décembre, il fut prescrit au bataillon de la Dordogne d'aller prendre position à l'entrée de la forêt d'Orléans, en arrière de Nibelle, au lieu dit de Sainte-Radegonde, à l'embranchement des routes de Nibelle à Ingrannes et de Loury à Chambon. Notre camp fut bientôt installé ; cette fois, l'état-major fut splendidement logé. Les charbonniers avaient construit une hutte en bois, garnie à sa base de mottes de gazon ; elle devint le palais du commandant, de l'adjudant-major et du docteur. Trois bottes de paille, étendues le long des parois, servaient de lit pendant la nuit et de divan pendant le jour ; le feu se faisait au milieu ; la fumée passait par une ouverture ménagée à la partie supérieure de l'édifice. Ce logis présentait bien quelques inconvénients ; d'abord, il n'avait point de porte; puis la fumée, capricieuse comme on le sait, descendait plus souvent qu'elle ne montait, et nous nous trouvions alors dans une véritable tanière, qu'il fallait abandonner au bout de quelques minutes. Le froid était alors extrêmement vif, et nombre d'hommes furent souvent obligés de quitter leurs tentes pour venir se chauffer autour des feux qu'on leur permettait d'entretenir avec de la braise.

Papin nous avait suivis et avait installé sa cantine et son fourneau au centre de la 4me compagnie; c'était là que les officiers prenaient leur repas. La scène était d'ailleurs pittoresque et mériterait les honneurs de la photographie : autour d'un vaste trou, cheminée primitive, se réunissaient les convives; la place d'honneur, celle du commandant, bien entendu, était marquée par une caisse à biscuits; les premiers arrivés se rangeaient à sa droite et à sa gauche, les uns sur une couverture, d'autres à terre, qui sur un bidon, qui sur un fagot, l'assiette sur les genoux, et le verre à côté ; les plus industrieux faisaient l'un et l'autre sur une fourche de bois. Le service n'était pas luxueux, et si par hasard la sauce était abondante, on essuyait l'assiette avec une poignée de mousse ou de feuilles sèches; le dernier venu avait toujours la plus mauvaise place sous la fumée, à moins que, par politesse (car elle a toujours régné parmi nous), un des plus jeunes ne cédât sa place. Quand les officiers avaient terminé, et ce n'était pas long, les sous-officiers leur succédaient; et la même scène se renouvelait. Ces repas, bien que courts et restreints, ne manquaient ni d'entrain ni de gaîté.

Le jour de notre départ, nous eûmes, grâce au lieutenant Raoul-Bonnet, une belle salle à manger, bien abritée contre le vent du nord par une rangée de fagots avec un banc pour chaque convive. Nous n'en jouîmes qu'une seule fois.

Le 2 décembre, la 4me compagnie va en reconnaissance sous les ordres du lieutenant Gay. — Rien de nouveau. Dans la soirée, une note du colonel de Cathelineau nous prévient de nous tenir prêts à partir pour la forêt de Fontainebleau. Le bruit courait que l'armée de Paris avait fait une sortie victorieuse, et que l'ennemi était refoulé sur Étampes ; d'autre part, le général d'Aurelles avait battu les Prussiens à Patay. Nous étions tous heureux, enthousiasmés ; l'espoir de la revanche renaissait dans les cœurs. La soirée se passa dans cette surexcitation.

Le 3, pas de nouvelles de Cathelineau ; plus de troupes à Nibelle ; le canon tonnait violemment du côté de Chilleurs, de Neuville et de Patay. Notre commandant envoie deux cavaliers à Nibelle ; ils ne reviennent pas. Dans la soirée, il y expédie l'adjudant-major Lagorce. « Rien de suspect à Nibelle, répond-il ; le 20me corps en est parti ce matin par la route de Bellegarde, et nos deux cavaliers ont suivi la même direction. » Le lieutenant Laroussie est envoyé à Ingrannes ; M. de Cathelineau n'y était pas ; il trouve des soldats isolés, marchant sans direction à travers la forêt, qui lui apprennent que le 15me corps bat en retraite. Peu satisfait de ces renseignements, il s'avance non loin de Courcy ; il y rencontre un bataillon du 38me de marche, attendant, lui aussi, des ordres, et le commandant lui confirme la perte de la bataille de Chilleurs. Le rapport du lieutenant Laroussie nous désabusa cruellement.

Le commandant, inquiet de ces nouvelles, qui contrastaient d'une façon si lamentable avec nos espérances de la veille, fit lever les tentes, malgré le froid et la neige, et se tint prêt à tout événement, conservant jusqu'à nouvel ordre le poste qu'il occupait.

Le 4 décembre, à dix heures du soir, un éclaireur à cheval porte un billet de Cathelineau nous enjoignant de partir tout de suite pour Vitry-aux-Loges, où il nous rejoindrait.

A peine étions-nous en marche depuis une heure, qu'un bruit confus, semblable à des hourras, se fit entendre dans la direction de notre camp, où les feux étaient restés allumés. Etaient-ce les Prussiens? nous ne l'avons jamais su. Nous avions pris en bon ordre, comme toujours, une allée de la forêt; il gelait fort, et nous trébuchions souvent dans les ornières; nos bagages avaient pris une autre route, sous la direction du lieutenant Cantelauve. Quelles actions de grâce ne lui devons-nous pas pour toute la peine qu'il prit ce jour-là, et bien souvent depuis; ses fonctions n'étaient ni les moins dangereuses ni les moins difficiles.

Les hommes ne disaient rien; mais ils étaient inquiets. Nous ne suivions pas la route de Fontainebleau; les moins clairvoyants eux-mêmes pressentaient un désastre; nous étions, en outre, préoccupés pour deux de nos officiers: le capitaine Barbarin et l'officier payeur Grange, tous deux en mission à Orléans.

Nous attendons pendant une heure, à Vitry-aux-Loges, les francs-tireurs, qui n'arrivent pas; quelques habitants nous confirment le désastre de nos armées. Nous prenons la route de Jargeau; mais à peine avons-nous fait deux kilomètres, que nous rencontrons un officier d'état-major qui nous annonce l'occupation de cette ville, et nous engage à prendre la route de Châteauneuf. Nous avions été battus à Chilleurs, et une deuxième armée tentait de nous couper la retraite.

Voilà ce qui s'était passé le 2 et le 3 décembre; dans la journée du 2, le colonel Cathelineau avait reçu l'ordre de porter sa troupe dans la forêt de Fontainebleau, en passant par Montargis. Le chasseur qui portait sa dépêche était allé à Nibelle même. Ne nous y trouvant pas, et sans demander d'autres renseignements, il supposa, dans sa haute sagesse, que nous avions suivi le mouvement du 20me corps. Les deux chasseurs que notre commandant avait envoyés au même village, apprenant que leur camarade avait pris la route de Bellegarde, se mirent à sa poursuite. Ils rencontrèrent fort heureusement le colonel de Cathelineau, auquel ils contèrent leur cas; ce dernier, supposant avec raison que notre commandant se serait fait tuer plutôt que de quitter son poste sans en avoir reçu l'ordre, nous envoya enfin un de ses éclaireurs.

Pendant ces deux jours, les Prussiens avaient pénétré dans la forêt par Chilleurs, après la défaite du 15me corps. Une grosse troupe arrive subitement à Loury, où était l'ambulance du corps vendéen, qui se trouva prisonnière au moment où elle s'y attendait le moins. Mme de Cathelineau, qui dirigeait cette ambulance avec un zèle et un dévouement tout maternel, eut la présence d'esprit, profitant du désordre causé par l'arrivée des Prussiens, de faire prévenir son mari, par un homme dévoué, de ce qui se passait à Loury. C'est donc à Mme de Cathelineau seule que notre petit corps d'armée doit d'avoir échappé à la destruction ou à la captivité. S'il y a eu des ordres émanant de l'autorité supérieure pour nous avertir en temps utile, ceux qui en étaient chargés sont grandement coupables de ne pas nous les avoir transmis, et on a fusillé bien des gens qui, à coup sûr, ne l'avaient pas autant mérité.

Nous prîmes donc la route de Châteauneuf; mais quel spectacle ! à un kilomètre de la ville, de chaque côté de la route, partout des feux de bivouac, et tout autour des soldats de toutes les armes. Sur la place campait de la cavalerie, et toutes les rues étaient encombrées de fourgons, d'artillerie et de voitures.

Nous retrouvâmes enfin les francs-tireurs vendéens. Ordre à la Dordogne de gagner Sully où nous traverserons la Loire ; le pont de Châteauneuf était coupé.

Il était deux heures du matin ; la nuit était tellement obscure qu'on n'y voyait point à deux pas devant soi. Notre bataillon prit la route de Sully ; mais avant de quitter la ville, un train d'artillerie le divisa. Quand la deuxième portion se mit en marche, la première était déjà loin. La route se fit pourtant en bon ordre, et c'était un contraste frappant de voir nos hommes grelottant de froid sous leurs haillons, avec leurs souliers percés ou leurs sabots, s'en aller en troupe serrée au milieu de cette foule bigarrée et en désordre. Quelques bataillons de ligne pourtant marchaient aussi en bon ordre et chacun à sa place.

Nous arrivons enfin au point du jour à Saint-Benoît ; le village et ses abords étaient encombrés par un matériel roulant considérable. Il faisait un froid intense, et la Loire que nous côtoyions depuis longtemps charriait d'énormes glaçons. A quelques centaines de mètres en avant du village, nous avions retrouvé le bataillon rangé sur la levée comme pour l'appel et assistait impassible au défilé des troupes. De part et d'autre, nous fûmes heureux de nous revoir, et la joie que nous ressentîmes se comprend mieux qu'elle ne peut s'exprimer. Enfin, à neuf heures du matin, le 5 décembre, nous arrivions en vue de Sully.

Un officier supérieur de la marine se tenait à la tête du pont de fil de fer déjà fortement éprouvé par le passage de l'artillerie et des troupes qui nous avaient précédés. Nous franchîmes le pont à notre tour et nous entrâmes enfin dans la ville.

Tout le long des quais, on avait établi des banquettes et des fossés pour abriter des tirailleurs, si les Prussiens tentaient le passage; ces fortifications provisoires n'ont pas dû servir, car une fois le pont détruit, il n'était pas possible de franchir la Loire en bateau ni d'essayer de le rétablir.

La halte ne fut pas longue, chacun déjeuna comme il put ; le plus grand nombre ne déjeuna même pas du tout, car chaque maison regorgeait de soldats ; ceux qui avaient conservé quelques biscuits durent s'en applaudir.

Partis de Sully vers midi, nous traversons Viglains occupé par des troupes où dominaient le génie et l'artillerie, et nous arrivons à Vannes à sept heures et demie du soir.

Tout le monde était fatigué, ceux surtout dont la chaussure était mauvaise ; ceux aussi qui avaient fait la route en sabots. On allait enfin se reposer, car ce n'est pas petite chose de marcher pendant vingt-deux heures, sans nourriture, avec le froid et en portant comme quelques-uns de nos mobiles jusqu'à dix paquets de cartouches. Ils avaient bien pu oublier leur pain, mais en général ils étaient largement approvisionnés de munitions.

A peine étions-nous à Vannes, sur le point de nous étendre sur la paille, qu'on nous annonce l'arrivée prochaine d'une forte colonne prussienne. Il fallut déguerpir après deux heures de repos. Tous nos hommes furent bientôt réunis, car pas un ne voulait perdre son bataillon ni se laisser faire prisonnier. Une escouade seule manquait dans une compagnie ; ceux qui la composaient avaient jugé à propos de gagner une ferme à quelque distance du bourg et n'entendirent pas le cornet du commandant. Pendant bien longtemps nous les avons crus perdus.

Nous partîmes de Vannes en bon ordre ; mais à quelque distance, la colonne s'allongea, s'allongea insensiblement. Quelques officiers et le docteur Lombard restèrent à la queue. Nous n'exagérons pas en disant qu'ils relevèrent au moins cent hommes qui, vaincus par la fatigue, le froid et la faim, s'adossaient au talus de la route ou se couchaient sur les tas de cailloux. Ils relevaient le malade, le mettaient entre deux hommes plus valides, et ils l'aidaient ainsi à continuer son chemin.

Après Souvigny, on fit une pause, et le bataillon se reforma. Pendant ce temps, beaucoup d'hommes, ce détail paraîtra peut-être trivial, tirèrent leurs bas dont les plis provoquaient d'énormes ampoules aux pieds et se trouvèrent ainsi soulagés, d'autres y appliquaient des morceaux de baudruche dont chaque infirmier était pourvu. Les gourdes reçurent une vigoureuse accolade, et on se remit en marche. Du reste, les officiers donnaient l'exemple, ils marchaient tous gaillardement, et les chevaux de l'état-major servirent à plus d'un infirme, qui, après quelques centaines de mètres sur la selle, se trouvait capable de continuer la route. Le capitaine Dereix et son lieutenant Sudrie, firent preuve d'une remarquable énergie : ils marchèrent constamment, bien que leurs pieds fussent saignants et endoloris.

A trois heures du matin, nous entrions à Vouzon.

Les francs-tireurs nous avaient devancés, ce qui veut dire que chacun fut heureux de s'étendre là où il trouva de la place et un peu de paille ; le commandant coucha dans l'église.

Le lendemain, à dix heures du matin, tout le monde partait ; et en suivant des chemins de traverse heureusement desséchés par la gelée, nous arrivions à Ivoy-le-Maron vers quatre heures du soir. Ce n'était pas notre destination, mais le village qui devait nous servir de gîte était occupé par l'ennemi. On entendait depuis le matin le canon dans la direction de la Motte-Beuvron.

Dans ce trajet, notre arrière-garde, commandée par le lieutenant de Roffignac fut attaquée et sommée de se rendre par des cavaliers prussiens : elle répondit par des coups de fusil et continua à marcher.

Une deuxième attaque eut lieu au pont du chemin de fer. Là encore l'ennemi fut repoussé par une poignée d'hommes, parmi lesquels se distingua le sergent Boutinot de la 7me compagnie. Drôle de corps que Boutinot ; ancien zouave, il avait quelques-uns des défauts et toutes les qualités qu'on reconnaît à ses anciens camarades ; nul mieux que lui ne s'entendait à faire un paquetage et à entasser sur un sac mille bibelots plus singuliers les uns que les autres.

Dans une de ces escarmouches, un des chevaux du commandant, monté par un ordonnance, fut blessé, et le cavalier tomba aux mains de l'ennemi. Il eut la double chance de ne pas être fusillé sur l'heure et de s'échapper ensuite. Nous lui avons entendu raconter son odyssée à Château-Gontier, où il vint nous rejoindre deux mois après.

A Ivoy, même pénurie de logement ; tout le monde coucha sur la paille ; mais, comme fiche de consolation, nous trouvâmes un bureau de tabacs largement approvisionné. Il était temps ; tout le monde était à court, et la privation en eut été sensible à un grand nombre de nous.

Ceux qui ont fait la campagne doivent se rappeler que notre séjour à Ivoy ne fut pas long. A quatre heures du matin, le cornet du commandant se faisait entendre, et le 3me bataillon de repartir. Nous étions pourtant un peu moins fatigués ; les pieds malades avaient été pansés et les hommes les plus éclopés avaient été hissés sur une voiture trouvée par miracle et réquisitionnée par l'infatigable Cantelauve.

Malgré les mauvais chemins, et toujours en suivant les bois, nous arrivons à Neung-sur-Beuvron, le 7 décembre 1870, à 10 heures du matin ; nous marchions depuis le 4 décembre, à dix heures du soir, et nous avions fait environ 150 kilomètres.

La halte que nous y fîmes fut un peu plus longue que les autres, car nous ne quittâmes Nung que le lendemain matin, à 6 heures, pour nous rendre à Bracieux. Nous devons des remercîments aux habitants de Nung; ils furent généralement bienveillants pour nous.

L'ennemi était toujours très-rapproché, car pendant notre séjour un habitant du village fut blessé à la jambe d'un coup de révolver par un hulan, qui voulait s'emparer de sa voiture. Toute la journée, nous entendîmes la canonnade dans plusieurs directions, mais surtout du côté de Beaugency et de la Motte-Beuvron. Dans la soirée, elle devint plus vive. Des éclaireurs nous assurent qu'une forte colonne prussienne est à quelques kilomètres de nous. Ils se demandent, et nous aussi, comment nous n'avons pas encore été cernés; car il est certain que vingt mille hommes ont ordre de poursuivre le corps Cathelineau. C'était beaucoup d'honneur qu'on nous faisait, mais nous l'avions bien mérité; nous avions traversé bien des fois déjà les lignes de l'armée ennemie; nous ne nous en inquiétâmes pas plus cette fois que les autres. Nous avions pour guides M. de Cathelineau et M. de Puységur; ils nous avaient trop bien conduits jusqu'à ce moment pour ne pas achever leur œuvre. Nous avions confiance en eux, et nous avions raison.

Le 8 décembre, nous déjeunions à Bracieux, après quoi nous partions immédiatement pour Tour-en-Sologne, où nous devions, paraît-il, avoir quelques jours de repos. Dans le chapitre suivant, nous verrons qu'il n'en fut pas ainsi ; la Providence en avait décidé autrement.

Toujours est-il que nous fûmes singulièrement heureux de ne pas perdre beaucoup de monde dans cette retraite. Sauf l'escouade restée à Vannes et quelques malades laissés dans les villages que nous avions traversés, il nous manquait peu d'hommes à l'appel.

CHAPITRE IV.

Tour-en-Sologne. — Nouvelle retraite. — Châteauneuf-sur-Cher.

PIÈCES JUSTIFICATIVES.

C'était, avons-nous dit, le 8 décembre, à quatre heures du soir, que nous arrivions à Tour-en-Sologne, sur la route de Bracieux à Blois, sur la lisière de la forêt de Chambord. Trois compagnies et bon nombre d'officiers s'installèrent à un kilomètre de là, au château de Ville-Savin ; le reste du bataillon se logeait dans le chef-lieu de la commune. Un mobile, qui avait fêté plus que de raison certain vin blanc qui se débitait à bon compte dans les auberges de Bracieux, fut renversé, sans égratignure, par le cheval de l'adjudant-major, bien que soldat et cavalier fissent leurs efforts pour éviter le choc ; un autre, coiffé d'un bonnet blanc, refusait obstinément à son caporal de le remplacer par le képi règlementaire : de là colère du commandant, et enfin excuses du pauvre diable, qui se voyait déjà près de passer en cour martiale et d'être fusillé. Là encore, nous avions notre cantinier Papin ; la cuisine du château lui fut abandonnée et devint son quartier général.

Tout le monde se reposait, se trouvant fort bien ; nous étions tout près de Blois ; quelques officiers obtinrent d'y aller chercher des effets indispensables ; car, à notre départ de cette ville, nous avions dû y laisser tous nos bagages, et ne prendre que le strict nécessaire pour une campagne de quelques jours, et qui durait déjà depuis près de deux mois. Officiers et soldats étaient tous plus ou moins rapiécés. Nos camarades partirent donc le 9, à trois heures de l'après-midi. A six heures, nous apprenons la prise de Chambord. Nous en étions à cinq kilomètres, et l'on nous donne l'ordre de quitter notre cantonnement et de rejoindre à Bracieux le bataillon Cathelineau. La veille et pendant toute la journée, nous avions entendu des détonations d'artillerie et la fusillade dans la direction de Beaugency, Mer et Vendôme.

Nous partîmes, à huit heures du soir, le 9 décembre. Inutile de rappeler qu'il faisait très-froid. Le bataillon se porta sur la route, où il fut obligé de se former en bataille pour laisser la voie libre aux fuyards dont le désordre était si grand que la voix de quelques officiers énergiques était impuissante à le modérer. Plusieurs groupes, sans armes, nous demandaient la route de Blois. Nous restâmes ainsi deux heures spectateurs impassibles de cette débandade. Nous prîmes enfin la route de Bracieux ; mais, avant d'y arriver, on nous fit prendre celle de Contres. Après avoir traversé Fontaines et Soings, nous y arrivons, le 10 décembre, à trois heures du matin. Il y avait déjà passé beaucoup de troupes ; les francs-tireurs cantonnés à Bracieux y étaient installés. Nous y trouvâmes néanmoins les vivres et le couvert. Notre plus agréable surprise fut de voir arriver, à sept heures du matin, tous ceux qui étaient allés à Blois, et sur le sort desquels nous avions de sérieuses inquiétudes. Ils avaient eu, en effet, non-seulement beaucoup de peine à nous rejoindre, mais beaucoup plus encore à sortir de la ville, car on fit sauter le pont derrière eux ; enfin, nous les avions, et c'était l'essentiel. C'est là que, pour la deuxième fois depuis Orléans, nous apprîmes, par un journal du département, qu'on parlait beaucoup des francs-tireurs vendéens de M. de Cathelineau ; des mobiles, rien. Le même journal signalait trois décorations et plusieurs mentions honorables pour le corps des francs-tireurs, qui était relativement peu nombreux, et deux seulement pour notre bataillon, qui comptait plus de mille hommes sous les armes. Pourtant des états de proposition avaient été faits par le commandant de la Dordogne, et nous étions en droit d'espérer une meilleure part dans cette distribution de récompenses.

A onze heures du matin, nous nous remettions en route, et, laissant derrière nous Coudes et St-Romain, nous arrivâmes, le soir, à sept heures, à St-Aignan-sur-Cher. A peine nos hommes étaient-ils logés, que nous apprîmes l'occupation de Selles-sur-Cher par l'ennemi. Nous aurions pu défendre Saint-Aignan ; la chose était facile, mais inutile, et les habitants étaient d'ailleurs si peu disposés à la lutte, contrairement à ce qui nous avait été dit, que la garde nationale avait rendu les armes. Nous en partîmes à onze heures du matin.

Le lendemain, 11 décembre, nous arrivons, avant midi, à Ecueillé (Indre) ; nous avions enfin dépassé la ligne d'opération de l'ennemi, qui gagnait Tours par la vallée du Cher. Dès-lors, nous n'avions plus à craindre d'être coupés dans notre retraite ; nos compagnies étaient toujours compactes et obéissantes. Nous partîmes d'Ecueillé le 13 et fûmes coucher à Buzençois. Le lendemain, 14 décembre, à quatre heures du soir, nous entrions à Châteauroux. M. de Cathelineau nous passa en revue sur la grande place ; l'accueil des habitants nous fut très-sympathique.

Le bataillon était entré en campagne avec des vêtements insuffisants ; toujours aux avants-postes, éloignés de tout centre, il nous avait été impossible de renouveler notre garde-robe. Le conseil d'administration de notre corps, le département et la société des dames de la ville nous avaient bien adressé vêtements, linge et chaussures, mais rien n'était arrivé à destination ; le bataillon était réellement en loques et sans chaussures.

Le colonel Cathelineau avait également des hommes dont la tenue était loin d'être correcte, au point de vue de la fraîcheur et du bon état des ajustements ; il demanda au général en chef une autorisation de séjour à Châteauroux.

Ignorant, à cette époque, tous les efforts qu'on avait faits à Périgueux pour ravitailler le 3me bataillon (car, nous l'avons déjà dit, si nos lettres arrivaient à nos familles, nous n'en recevions aucune), le commandant Marty, qui souffrait autant que personne de voir ses hommes dans un dénûment aussi complet, avait écrit, quelques jours auparavant, à M. Vergnol, greffier du tribunal de commerce et délégué spécial du département pour le 3me bataillon. Il se plaignait amèrement de l'oubli complet qu'on avait fait de ses soldats, enfants de Périgueux, et insistait sur le pressant besoin qu'ils avaient de toutes choses. Pour donner plus de poids à sa réclamation et activer l'envoi des effets, il déléguait deux officiers, les capitaines Dereix et Perrot. Les journaux, qui ne se font pas scrupule de débiter toutes les *bourdes* propagées par la rumeur publique, accréditées parfois par des hommes qui, véritables tortues quand il faut marcher à l'ennemi, trouvent des jambes de lièvre quand il faut battre en retraite, avaient, paraît-il, imprimé ce qu'il y a de plus déshonorant pour tout homme qui tient une arme au service de son pays ; nos amis même doutaient de nous. La lettre du commandant et la présence de ces deux officiers, dont la bravoure s'était montrée au Mexique et en Italie, opéra dans l'opinion publique un revirement complet ; nous n'étions plus des lâches, mais des héros. Hélas ! nous n'étions ni l'un ni l'autre, mais bien des pauvres gens qui avaient fait simplement leur devoir, sans frapper sur la grosse caisse de la réclame.

Le conseil central de la mobile de la Dordogne, l'administration départementale, dont le chef était alors M. Guilbert, la société des dames de Périgueux, firent diligence, et rivalisèrent de générosité. Le capitaine de Courteilles, officier d'habillement, avait vidé ses magasins ; MM. Vergnol et Eymery, tous les deux délégués du département, avaient, de leur côté, ramassé tout ce qu'ils avaient pu. Ils arrivèrent à Châteauroux presque en même temps que nous, chargés de lettres et de secours que les familles envoyaient à leurs enfants. Nombre de parents et d'amis avaient voulu les accompagner. Ce fut, ce jour-là et le lendemain, une fête de famille pour tous. Une lettre du colonel Cathelineau rendant hommage aux services rendus par le 3me bataillon, vint clore cette première période de notre campagne.

Avant d'aller plus loin, qu'il nous soit permis de témoigner, au nom du 3e bataillon, toute la gratitude que nous devons à MM. Vergnol et Eymery, au premier surtout qui, fonctionnaire public, dispensé par conséquent de toute réquisition et de tout service ayant trait à la défense nationale, sans autre mobile que le dévouement (M. Eymery était attiré vers nous par des liens de famille), mit à profit ses nombreuses relations pour nous créer des ressources et fut l'intermédiaire officieux entre nous et les nôtres. A eux aussi les parents des mobiles auraient dû voter, non pas une épée d'honneur, comme à notre digne commandant, mais un gage de reconnaissance plus durable que ne le seront ces quelques lignes. M. Vergnol en fut récompensé du moins par le titre de *Père du bataillon* que nos mobiles lui décernèrent à l'unanimité; il l'avait bien gagné; jamais son dévouement ne nous a fait défaut.

Le lendemain, 16, le bataillon fut réuni dans la cour de la caserne, et M. Vergnol nous adressa l'allocution suivante :

« OFFICIERS, SOUS-OFFICIERS ET SOLDATS DU 3me BATAILLON,

» Depuis votre départ de Périgueux, nous vous avons
» suivi du cœur dans vos marches, souvent dange-
» reuses et toujours pénibles.

» L'administration départementale et la ville de Péri-
» gueux ne vous ont point oubliés et nous ont délégués

» pour vous exprimer toute leur satisfaction. Nous » avons été chargés non-seulement de vous remettre » les dons recueillis par les dames de Périgueux, mais » aussi d'apprendre de vous et des chefs sous lesquels » vous servez, la part que vous avez prise à la défense » nationale.

» Vos familles apprendront avec bonheur que vous » êtes les dignes compatriotes du maréchal Bugeaud et » du général Daumesnil, dont la France s'honore à juste » titre, et nous emportons avec nous la certitude que » vous continuerez à marcher glorieusement dans la » route que vous avez si bien commencée. »

On rompit les rangs aux cris de : *Vive la France ! Vive le Préfet ! Vive le Périgord !* et la distribution des effets commença en présence de M. de Courteilles, qui avait accompagné les délégués.

Nos trois compatriotes repartirent le même soir ; ils emportaient deux lettres du commandant Marty, l'une au Préfet de la Dordogne, l'autre à Mme Guilbert, présidente du comité des dames de Périgueux ; une troisième enfin de M. de Cathelineau, adressée aux rédacteurs du *Périgord* et de l'*Echo de la Dordogne.* Ces lettres ont été publiées en leur temps dans les journaux de la Dordogne ; nous croyons qu'il sera agréable au lecteur de les retrouver ici :

« Châteauroux, le 16 décembre 1870.

» Monsieur le Préfet,

» Nous avons reçu avec joie la visite de vos délégués : » c'était le pays que nous retrouvions en eux.

» Depuis longtemps, nous étions privés de toute

» nouvelle. La vie errante que nous menions, les positions dangereuses que nous avons occupées, nos courses à travers bois et, parfois, à travers les lignes de l'armée prussienne, rendaient difficile toute communication; nous étions persuadés cependant que nous n'étions point oubliés des nôtres, et nous en sommes aujourd'hui convaincus.

» Les effets d'habillement que vous nous envoyez sont les bienvenus et les bien reçus.

» Nos hommes sont partis de Périgueux avec des vêtements légers et de qualité plus que médiocre.

» Depuis longtemps tout avait besoin d'être renouvelé; nos mobiles ont pourtant supporté avec patience et le feu de l'ennemi, auquel leur consigne ne leur permettait pas toujours de répondre, malgré leur désir, et le froid de l'hiver, rigoureux dans le pays que nous parcourions, et contre lequel la tente est un abri insuffisant.

» Par leur patience et leur courage, ils ont prouvé qu'ils étaient les dignes enfants du Périgord et dignes aussi de la bienveillance que vous leur témoignez.

» Permettez-nous d'espérer que cette marque de sollicitude de votre part ne sera pas la dernière, et notre bonheur sera plus grand encore, si elle nous est apportée par les mêmes délégués qui vous transmettront l'expression de la reconnaissance et des bons sentiments de tout le 3me bataillon, sentiments qu'il a déjà manifestés par les cris de : *Vive le Préfet! Vive le Périgord! Vive la France!* à l'arrivée de MM. Vergnol et Eymery, vos fondés de pouvoir et vos représentants.

» Par le zèle et le dévouement qu'il a montrés dans

» cette circonstance, M. le capitaine de Courteilles a
» droit à toute notre gratitude et à nos sincères remer-
» ciments.

» Veuillez agréer, monsieur le Préfet, l'assurance de
» mon dévouement et de ma haute considération.

» *Le Commandant du* 3me *bataillon*,
» Signé : MARTY. »

« Châteauroux, le 16 décembre 1870.

» MADAME LA PRÉSIDENTE,

» Pendant que le département de la Dordogne en-
» voyait à l'ennemi la fleur de sa jeunesse, pendant
» que les hommes plus âgés s'occupaient d'organiser
» la défense nationale, vous avez compris que dans les
» circonstances difficiles que nous traversions, la femme
» avait aussi son rôle à remplir.

» Mille fois merci, madame, d'avoir pris une géné-
» reuse initiative. Le courage et la force ne suffisent
» pas au soldat en campagne ; il lui faut encore une
» certaine somme de bien-être, et des vêtements so-
» lides et chauds sont, pour celui qui couche sous la
» tente, aussi indispensables que de bonnes armes en
» présence de l'ennemi.

» Vos délégués, MM. Vergnol et Eymery, et le choix
» ne pouvait en être plus heureux, vous porteront l'ex-
» pression de notre reconnaissance et celle de nos
» sentiments de patriotisme.

» Nous avons conscience d'avoir fait notre devoir et
» de l'avoir fait bravement ; la suite prouvera que

» nous ne sommes point indignes de votre bienveil-
» lance.

» Veuillez agréer, madame, et faire agréer aux » dames du Périgord qui vous ont secondée dans votre » œuvre, l'expression de notre respect et de notre gra- » titude.

» *Le Commandant du 3me bataillon,*

» Signé : Marty. »

Nous n'étions pas destinés à rester longtemps à la même place, car, le 17 décembre, nous avions l'ordre de gagner Châteauneuf-sur-Cher, où nous arrivâmes à 4 heures du soir. Comme toujours, les francs-tireurs nous avaient précédés. Nos hommes et nos officiers se logèrent comme ils le purent et y restèrent jusqu'au 20 du même mois, à 4 heures du soir. A dater de ce moment, les événements se succèdent avec rapidité ; ce sera l'objet du chapitre suivant.

Pendant notre séjour à Châteauneuf, nous reçûmes un numéro de l'*Echo de la Dordogne* et un numéro du *Périgord* dont nous extrayons les deux pièces suivantes :

« AU RÉDACTEUR.

» Châteauroux, le 15 décembre 1870.

» *Monsieur le rédacteur de l'*Echo de la Dordogne,

» La Dordogne a eu l'avantage de fournir des braves » à l'armée : deux bataillons se sont distingués à plu- » sieurs combats, et malheureusement leur sang a » coulé trop abondamment.

» Le 3me bataillon (commandant Marty), par ordre

» ministériel, avait été destiné à suivre les francs-tireurs » du corps de la Vendée, sous mes ordres, pour remplir » une mission importante sur la rive gauche de la Loire, » avant la prise d'Orléans. Avec moi, il est entré le » premier dans cette ville, après avoir lutté longtemps » et avec succès contre les avant-postes prussiens, et » leur avoir repris tout le terrain qu'ils possédaient sur » la rive gauche de la Loire, depuis Saint-Laurent-des- » Eaux jusqu'à Orléans. Cette mission, remplie avec » courage et énergie, a produit des effets considérables » pour nos armes ; mais, quand on est dévoué à sa pa- » trie, on doit faire son devoir simplement, et se bien » garder de s'en glorifier ; c'est ce qu'a fait ce bataillon, » et ce dont ici je tiens à lui exprimer ma reconnais- » sance. Une autre mission nous fut confiée : c'était de » garder la forêt d'Orléans. Cette mission, plus difficile » et plus périlleuse que la première, a été remplie avec » le même avantage. Je ne vous parlerai pas, Monsieur » le Directeur, des divers engagements que nous avons » eu à soutenir, et desquels nous sommes sortis toujours » victorieux, des fatigues journalières, des privations » de tout genre ; qu'il me suffise de vous dire que la » mission a été remplie à la satisfaction du gouverne- » ment de la Défense nationale et à celle des généraux, » qui tous ont bien voulu nous en remercier d'une façon » toute spéciale. Quarante-cinq mille hommes étaient » entrés dans la forêt, et le 3me bataillon de la mobile, » avec son brave commandant, étaient restés à leur » poste, impassibles et sans peur. Un ordre m'avait rap- » pelé dans la forêt ; elle était envahie, comme je viens » de le dire ; malgré toutes ces difficultés, nous avons » fait retraite en bon ordre, sans perdre ni hommes ni » bagages.

» Si le commandant de la mobile et ses braves officiers » ont eu confiance en moi, ce dont je les remercie, com- » prenez bien que, s'ils ne m'avaient secondé par leur » énergie, par leur courage, par leur amitié toute fra- » ternelle, je n'aurais jamais pu accomplir des tâches si » difficiles. Permettez-moi donc, Monsieur le Directeur, » par votre organe, de répéter que la Dordogne a fourni » des braves à la France, qui se sont signalés dans tous » les rangs. Merci donc à votre pays.

» Agréez, Monsieur le Directeur, l'assurance de ma » considération.

» *Le Commandant du Corps franc de la Vendée et des francs-tireurs du 15me corps,*

» Signé : CATHELINEAU. »

Le Périgord contenait le rapport suivant de MM. Vergnol et Eymery :

« Périgueux, le 18 décembre 1870.

» MONSIEUR LE PRÉFET,

» Nous avons l'honneur de vous rendre compte des » résultats de notre mission auprès du 3me bataillon des » mobiles de la Dordogne.

» L'un de nous est parti d'ici le 13 décembre, et est » arrivé à Châteauroux le 14, pour se mettre à la re- » cherche du bataillon ; grâce à ses relations intimes » avec le commandant, il avait eu quelques indications » très-précises.

» En arrivant à Châteauroux, il a eu l'heureux hasard » de rencontrer M. de Cathelineau, qui, avec une com- » plaisance dont les délégués ont eu à se louer pendant

» leur séjour, a bien voulu donner sur le 3me bataillon » des renseignements officiels. Il a appris à M. Vergnol » que le bataillon arriverait à trois heures à Châteauroux » pour y faire une halte de peu de durée.

» Les francs-tireurs vendéens, un escadron de chas- » seurs et nos mobiles firent, en effet, leur entrée dans » la ville à deux heures.

» Le lendemain est arrivé M. Eymery, conduisant avec » lui les effets d'équipement dont nos mobiles avaient » un si grand besoin. M. le capitaine de Courteilles, » avec un zèle et une activité dignes d'éloges, a fait à » chaque homme la distribution de ce qui le regardait » personnellement ; quant à nous, nous avons remis à » M. le commandant Marty les deux colis qui nous » avaient été confiés.

» Nous avons regretté, en présence des besoins pres- » sants de nos compatriotes, de n'avoir pas à leur donner » d'avantage, et d'avoir à restreindre la part qui reve- » nait à chacun, et encore n'avons-nous choisi que les » plus nécessiteux.

» Ce que l'on nous a confié consistait en deux petits » colis, faible part pour le bataillon de Périgueux, des » dons recueillis par les dames de dévouement qui ont » bien voulu se charger de cette généreuse mission.

» M. le commandant Marty vous dit avec quelle joie » vos secours ont été accueillis, et sa lettre aux dames » de la commission me dispense de vous donner des dé- » tails sur ce point.

» Nous avons à vous raconter ici, mais succinctement, » la réception faite par le bataillon à vos deux délégués.

» Le commandant Marty nous a conduits à la caserne, » où il nous ménageait une surprise qui nous a été bien » agréable.

» Tous les mobiles, officiers et soldats, étaient réunis » dans la cour formant le carré.

» A notre arrivée, les tambours battirent aux champs.

» Nous sommes entrés dans le carré. Le brave com- » mandant nous a fait tous ses remercîments dans une » allocution des plus chaleureuses, où l'on voyait la joie » indicible de revoir quelqu'un du pays. Là, il nous a » chargés de vous porter, Monsieur le Préfet, l'expres- » sion des sincères remercîments de tout le bataillon, » lequel avec enthousiasme a crié : *Vive M. le Préfet!* » *Vive le Périgord! Vive la France!*

» Ces vivats patriotiques ont spontanément été suivis » de celui-ci : *Vivent les dames de Périgueux !*

» Après cette petite fête, on a rompu les rangs, et c'est » alors que tous les mobiles, venant nous donner une » cordiale poignée de main, nous ont chargés de toutes » leurs commissions pour leurs familles.

» Nous sommes heureux de pouvoir porter à votre con- » naissance que, malgré le mauvais état de leurs vête- » ments, surtout de leurs chaussures (quelques-uns » avaient de vieux sabots), tous les mobiles du 3me ba- » taillon jouissaient d'une santé parfaite.

» Nous avons cru que notre mission ne devait pas » s'arrêter là, et nous avons voulu apprendre des mobiles » eux-mêmes et de leurs officiers la part qu'ils ont prise » à la défense Nationale.

» Nos mobiles aiment leurs chefs, et les chefs ont une » grande confiance dans leurs soldats.

» Leur commandant est un père pour eux, mais un » père sévère, qui ne passe rien quand il s'agit de con- » signe militaire.

» Nous avons acquis la certitude que le 3me bataillon » n'était pas resté inactif, et que sa mission avait été » fructueuse et utile à la défense nationale.

» Armés de chassepots lors de leur arrivée à Tours, » nos mobiles sont restés quelque temps à Amboise, où » ils se sont exercés au maniement des nouvelles armes. » De là ils ont été dirigés sur Blois, où ils ont séjourné » peu de temps. Le 3e bataillon en est parti le 26 octo- » bre, devant, par ordre supérieur, accompagner et » seconder dans ses opérations le corps des francs- » tireurs vendéens, commandés par leur habile et vail- » lant chef, M. de Cathelineau.

» C'est à dater de ce moment que nos mobiles se ren- » dent véritablement utiles. Après une longue étape, ils » viennent camper dans les bois, en avant du village » de Saint-Laurent, position vivement menacée par les » Prussiens, et attaquée vigoureusement par eux quel- » ques jours auparavant.

» De campement en campement, ils arrivent quelques » jours après dans la forêt des Bordes, à peu de dis- » tance de Lailly, qui venait d'être incendié par l'en- » nemi.

» Ils étaient environnés là par les Prussiens. Les » francs-tireurs de Cathelineau et nos mobiles occupaient » seuls une position qu'un général avait refusé d'occu- » per avec toute une brigade. Chaque jour, en effet, on » signalait la présence des cavaliers ennemis ; chaque » jour aussi, francs-tireurs et mobiles allaient pousser

» des reconnaissances. Nos soldats ont occupé ce poste » jusqu'au 9 novembre. Pendant ce temps, ils ont tué » plusieurs cavaliers à l'ennemi et fait des prisonniers.

» Ils ont fini par empêcher l'ennemi de venir se ravi» tailler dans les bourgs où il se rendait auparavant » plusieurs fois par semaine pour faire des réquisitions.

» Ils ont donc délivré le pays de la présence des » Prussiens et mis fin, à cet endroit, à leurs pillages » et à leurs vols.

» A Cléry, ils ont vigoureusement poursuivi l'ennemi » qui fuyait toujours devant eux, et se sont emparés » d'un convoi de vivres destinés à l'armée prussienne.

» Quelques jours auparavant, ils avaient capturé un » troupeau de moutons dirigés sur le camp ennemi.

» Le neuf au soir, à onze heures environ, après une » marche forcée, ils entraient les premiers à Orléans, » une heure après l'évacuation des Prussiens, traver» sant la Loire sur un pont miné, et, le lendemain » matin, concouraient, avec les troupes arrivées après » eux, à l'arrestation de nombreux prisonniers et à la » prise de chevaux, bagages, etc.

» Au moment où ils occupèrent la ville, un retour » offensif de l'ennemi était encore possible et même pro» bable ; de plus, un grand nombre de Bavarois étaient » cachés dans les maisons.

» Le 11, on les dirigea sur Neuville, où la présence » de l'ennemi était signalée. Là encore, de nombreuses » reconnaissances furent faites aux environs ; mais il ne » fut possible d'approcher que quelques faibles détache» ments prussiens.

» Le 14, francs-tireurs et mobiles furent envoyés à » Chilleurs, où ils séjournèrent peu de temps. A quelque » distance de ce village, plusieurs Prussiens furent » tués par nos mobiles embusqués derrière des maisons.

» Le 16, la plus grande partie du bataillon alla » camper dans la forêt de Chilleurs. Deux compagnies, » restées dans le village, contribuèrent à repousser une » attaque de l'ennemi.

» Pendant ce temps-là, on arrêta plusieurs espions ; » l'un se fit justice lui-même en se pendant dans sa » prison.

» Le 25 novembre, le camp fut levé, et le corps des » éclaireurs fut envoyé à Chambon, où il resta jusqu'au » 29 novembre.

» Pendant ce temps-là, deux compagnies de mobiles, » logées dans un hameau voisin, tuèrent plusieurs » éclaireurs prussiens.

» Le 28 du même mois, le bataillon formait l'extrême » gauche de notre armée à la bataille de Beaune ; une » compagnie fut détachée dans quelques maisons, et, » par un feu bien nourri, empêcha un corps nombreux » de tourner notre armée de ce côté.

» Deux autres compagnies soutenaient une demi- » batterie d'artillerie, et le reste du bataillon, disposé » en tirailleurs à une faible distance de l'ennemi, luttait » énergiquement contre ce dernier, dont les obus » venaient tomber de tous côtés.

» Le bataillon n'eut que deux blessés dans cette affaire, » grâce à l'habile direction des chefs et à l'intelligente » exécution de nos soldats.

» Vers les quatre heures du soir, le bataillon reçut » l'ordre de se porter sur le village de Batilly pour » protéger la retraite de notre corps d'armée.

» Il resta sur la route jusqu'à huit heures du soir, » heure à laquelle il se retira, les Prussiens n'ayant pas » voulu sans doute s'exposer à un combat de nuit.

» Le lendemain 29, quelques coups de fusil furent » tirés sur les Prussiens, et le bataillon reçut ordre de » retourner à Nibelle, où des troupes nombreuses se » trouvaient réunies.

» Il campa dans le bois de Nibelle, restant seul à dé» fendre cette position évacuée quatre ou cinq jours » auparavant par nos troupes.

» Le 4 décembre, à dix heures du soir, menacé par » une colonne considérable et en compagnie des francs» tireurs vendéens, dont il ne s'est jamais séparé, il » reçut ordre de battre en retraite.

» Le bataillon marcha ainsi pendant deux jours et » deux nuits, toujours poursuivi par l'armée prussienne » qui tenait à capturer francs-tireurs et mobiles.

» Il traversa la Loire à Sully, et s'arrêta enfin à Vou» zou, après une étape de quatre-vingt-cinq kilomètres, » après des marches de nuit à travers bois, dans des che» mins presque impratiquables, toujours menacé par » l'armée prussienne qui occupait tous les environs.

» Le bataillon arriva à Ecueillé (Indre), où les hom» mes purent enfin prendre un peu de repos.

» Durant tout ce temps, nos mobiles ont montré une » énergie incroyable ; rien n'a pu les rebuter, ni la lon» gueur des étapes, ni le manque de sommeil, ni la nour-

» riture plus que insuffisante, ni même pour quelques-
» uns la privation de chaussures, ni pour tous le mau-
» vais état des habillements.

» Tout en opérant leur retraite, notre bataillon et les
» francs-tireurs vendéens protégeaient celle des diffé-
» rents corps d'armée écrasés à Patay, et leur bonne
» tenue contrastait d'une façon singulière avec le dé-
» sordre des autres régiments, dont les soldats étaient
» éparpillés de tous côtés.

« C'est à la suite de tous ces événements que le ba-
» taillon s'est rendu à Châteauroux pour prendre un
» peu de repos et être dirigé sur un autre point.

» En arrivant, trente hommes seulement ont manqué
» à l'appel, et au départ de Châteauroux, le 16, à midi,
» il ne manquait plus qu'une quinzaine de mobiles,
» égarés sans doute.

» En un mot, la mission du 3me bataillon, composé
» presque en entier de jeunes gens de l'arrondissement
» de Périgueux, a été d'éclairer un corps d'armée, et
» d'empêcher les Prussiens de s'avancer à travers bois
» pour couper l'armée française.

» Il a rempli cette mission avec intelligence et bra-
» voure.

» Nous devons, en terminant, une mention honorable
» à M. Papin, d'Excideuil, qui suit le bataillon partout,
» en qualité de cantinier, et qui a failli être fait pri-
» sonnier à l'affaire de Beaune, où sa cantine et ses
» approvisionnements ont été capturés.

» Veuillez agréer, Monsieur le préfet, l'assurance de
» notre dévouement et de notre parfaite considération.

» *Signés* : EYMERY, VERGNOL, *greffier*. »

Pendant notre séjour à Châteauroux, nous apprîmes qu'un corps d'éclaireurs à cheval se formait à Périgueux ; les hommes ne manquaient pas ; mais il était difficile de les monter, car on avait réquisitionné tous les chevaux de quelque valeur. Le commandant Marty en possédait deux, provenant de prises faites sur l'ennemi. Ne gardant pour lui que son vieux *Robinson*, il les adressa, au nom du bataillon et par l'intermédiaire du préfet, au chef du corps en formation.

Le service que nous avions déjà fait et que nous allions faire de nouveau avait démontré à notre commandant la nécessité d'avoir avec lui un certain nombre de cavaliers. Il en manifesta le désir, espérant qu'il serait accompli. Il l'eut été sans doute ; mais le corps d'éclaireurs fut si long à s'organiser, qu'il ne l'était pas encore après la signature de la paix.

CHAPITRE V.

Montmirail. — La Verrerie. — Vibraye. — Montfort. — Fatine. — Retraite du Mans.

Le 20 décembre, à quatre heures du soir, nous quittâmes Châteauneuf par un train spécial ; un certain nombre de francs-tireurs vendéens et les chasseurs étaient partis le matin par la même voie. Nous étions dirigés sur Nevers pour renforcer l'armée de Bourbaki. Nous voyageâmes toute la nuit ; arrivé à Bourges, le train s'arrête ; un ordre nouveau nous adjoignait au général Chanzy, que nous devions rejoindre au Mans. La ligne de Bourges à Vierzon venait d'être coupée ; il fallut revenir sur nos pas. Vers sept heures du matin, nous passions à Châteauroux sans nous y arrêter ; de là à la Souterraine, à Poitiers, à Niort, où nous fîmes une très-courte station ; c'était le 22 décembre. Le lendemain, le train nous menait à Bressuire, à Cholet, où les dames de la ville vinrent distribuer à nos hommes du bouillon et du vin ; il nous faisait traverser Angers et nous déposait enfin au Mans, le 24 décembre, à trois heures du matin, après trois jours et quatre nuits passés en chemin de fer ; l'escadron des chasseurs avait été forcé de s'arrêter à Angers ; les chevaux mouraient de froid. Le même jour, à midi, après avoir laissé dans les hôpitaux de cette ville un certain nombre d'hommes atteints de variole, nous prîmes à pied la route de Montfort, où nous arrivâmes à quatre heures du soir. C'était le dernier point où les troupes pouvaient en ce moment demeurer avec quelque sécurité. Le dernier avant-poste français était Conneré, sur la ligne du chemin de fer, à huit kilomètres en avant.

Le lendemain 25, notre bataillon partit le premier, précédé d'un détachement d'éclaireurs. Les francs-tireurs nous suivaient à une heure d'intervalle, prêts à nous appuyer si nous étions attaqués.

Nous fîmes halte à Connerè pour nous renseigner auprès du commandant du poste formé des mobilisés de la Sarthe et d'une dizaine de cavaliers. Nous n'apprîmes rien que nous ne connussions déjà. Les Prussiens avaient évacué le village depuis quatre jours ; ils l'avaient complétement ruiné, de même que tous les hameaux voisins, et s'étaient retirés sur Bazoche et Saint-Calais.

A trois kilomètres de Vibraye, nous fîmes une nouvelle halte, et des éclaireurs furent envoyés pour savoir si la ville était occupée. Il n'en était rien ; l'ennemi se contentait d'y envoyer de temps en temps un détachement pour réquisitionner.

Cathelineau et ses francs-tireurs nous avaient rejoints ; il fut décidé que nous entrerions à Vibraye. Nous y trouvâmes une population abattue et découragée ; l'hospice contenait quelques français et deux bavarois blessés ; ils furent évacués le lendemain sur le Mans. Un paysan nous dénonça un fourgon plein de cartouches prussiennes qui fut envoyé à la même destination.

Le 26, des reconnaissances furent envoyées sur les routes de la Ferté, Saint-Calais, Montdoubleau et Montmirail ; elles rentrèrent sans avoir rien vu.

Depuis longtemps, c'est-à-dire depuis l'ouverture de la campagne, nos officiers, malgré leur dévouement et leur patriotisme, ne pouvaient suffire aux exigences qui leur incombaient dans le service des reconnaissances et des embuscades. Il n'y avait pour eux ni trêve ni repos ; car ces missions délicates, et le plus souvent périlleuses, ne devant être exécutées que par petits groupes, ne pouvaient être confiées à des sous-officiers; ceux-ci n'avaient pas aux yeux du soldat l'autorité et le prestige du grade. Il fut résolu qu'une demande de dédoublement de notre bataillon serait adressée au général en chef par le colonel de Cathelineau.

Les trois compagnies de droite et la 1re section de la 4me devaient former le 1er bataillon ; la 2me section de la 4me et les trois compagnies de gauche formeraient le 2me bataillon.

Le cadre des officiers aurait été ainsi composé :

Lieutenant-colonel : M. Marty.

Chefs de bataillon : MM. Dereix et Perrot.

Adjudants-majors : MM. Lagorce et de Roffignac.

Porte-drapeau : M. de Mallet.

Médecins aides-majors : MM. Lombard, N... et N...

Les deux officiers payeurs pris dans les compagnies.

1er BATAILLON.

1re *compagnie :* MM. Philiparie, capitaine; Veyssières, lieutenant ; Plazanet, sous-lieutenant.

2me *compagnie :* MM. de Beaumont, capitaine; Lachaud, lieutenant; Morelon, sous-lieutenant.

3me *compagnie :* MM. de Gardonne, capitaine; Rey, lieutenant; Gaillard, sous-lieutenant.

4me *compagnie :* MM. Laroussie, capitaine; de La Bardonie, lieutenant; Monzie, sous-lieutenant.

5me *compagnie :* MM. Gay, capitaine; de Maublanc, lieutenant; Bardon, sous-lieutenant.

6me *compagnie :* MM. Cantelauve, capitaine; Lavy, lieutenant; Lafont, sous-lieutenant.

2me BATAILLON.

1re *compagnie :* MM. Barbarin, capitaine; Desbordes, lieutenant; Béroix, sous-lieutenant.

2me *compagnie :* MM. Sudrie, capitaine; Delmas, lieutenant; Jaussein, sous-lieutenant.

3me *compagnie :* MM. Eymery, capitaine; Monribot, lieutenant; Desfougères, sous-lieutenant.

4me *compagnie :* MM. de Labatut, capitaine; Granges, lieutenant; Barrot, sous-lieutenant.

5me *compagnie :* MM. Isambert, capitaine; Réjoux, lieutenant; Darteinset, sous-lieutenant.

6me *compagnie :* MM. Bonnet, capitaine; de Machat, lieutenant; Darfeuille, sous-lieutenant.

Cette nouvelle formation fut promise, et nous avions l'espoir de la voir bientôt mettre à exécution.

Cet espoir fut mis à néant par la perte de la bataille du Mans.

Nous avions pour mission de nous renseigner sur les

mouvements et les positions de l'ennemi ; Vibraye n'était point un poste convenable pour cela, et, en cas d'attaque, il était presque impossible de s'y défendre, à cause de son assiette dans un bas-fond. Il fut décidé que nous occuperions Montmirail, chef-lieu de canton, à l'entrée de la forêt du même nom, et bâti sur un mamelon du haut duquel on domine une vaste étendue de pays. On pourrait y résister longtemps et avec avantage contre des forces très-supérieures. En conséquence, le colonel Cathelineau fut s'y établir, le 28, avec les francs-tireurs, un escadron de chasseurs et deux pièces de montagne que l'on venait de nous expédier ; peu de jours après, la batterie fut complétée.

Deux de nos compagnies, la 5me et la 6me, partaient en même temps pour occuper le village de Meilleraye, au pied de Montmirail, à l'entrecroisement des routes de Vibraye à Bazoche et de Montdoubleau à la Ferté.

Le lendemain 29, le reste du bataillon vint prendre ses cantonnements à Meilleraye.

Dans cette position, nous étions de véritables enfants perdus. Comme Vibraye, Meilleraye et Montmirail venaient d'être évacués par les Prussiens, qui avaient largement abusé des droits de la guerre, en pillant dans toutes les maisons, même les plus pauvres, et en brisant tout ce qu'ils supposaient avoir une valeur pour le propriétaire. C'était un spectacle navrant que de voir les meubles éventrés, les glaces brisées et tous les objets qui garnissent un ménage éparpillés de tous les côtés. Entre autres épaves, nous avons trouvé dans un jardin des balanciers de pendule. Si ces dépradations sont une représaille, il faut avouer que nos pères n'avaient pu faire mieux que ce que nous avons vu.

L'ennemi s'était retiré, avons-nous dit, mais il infestait encore toute la contrée. Les éclaireurs à cheval, qui ne chômaient pas depuis notre départ du Mans, rendirent compte qu'une colonne de quatre à cinq cents hommes était venue à huit kilomètres environ de Meilleray faire des réquisitions et devait venir le lendemain, 30, avant jour, à Montmirail, en passant par Bazoche, la Chapelle-Guillaume et la Verrerie.

Nous avons tout lieu de croire que les Prussiens ignoraient notre pointe sur le pays qu'ils se disposaient à visiter. Nos dispositions furent bientôt prises. Afin d'éviter que notre présence leur fût signalée, nos postes reçurent l'ordre de ne laisser sortir personne, et il fut convenu que le bataillon, laissant deux compagnies de garde à Meilleray, partirait à trois heures du matin pour aller s'embusquer dans la forêt, du côté de la Chapelle-Guillaume. Trois éclaireurs à cheval devaient lui servir de guides. Les francs-tireurs avec M. de Cathelineau partiraient une heure plus tard, s'arrêteraient à la Verrerie, et, en cas de besoin, prêteraient main-forte aux mobiles; ils devaient en outre observer les chemins de la forêt.

Nos cinq premières compagnies, avec le commandant Marty, partirent à l'heure dite; mais les éclaireurs ne vinrent pas. Par une erreur bien regrettable, on leur avait fixé quatre heures du matin; leur absence fut fâcheuse en ce qu'elle fit avorter notre plan.

Marchant dans le plus grand silence, nous arrivâmes à cinq heures du matin à la hauteur de la Verrerie, située à 300 mètres sur notre droite. Comme nous avions besoin de renseignements certains sur le lieu où nous devions nous poster et d'un guide pour nous diriger, car la nuit était remarquablement noire et la reverbération de la neige et l'ombre des talus nous avaient seules empêchés maintes fois de nous fourvoyer, nous fîmes halte à cet endroit, et l'adjudant-major Lagorce fut envoyé à la Verrerie.

Pendant cette halte, le lieutenant Veyssière, qui commandait l'avant-garde, entend sur la route, en avant de lui, un bruit confus de voix et de chariots. Il rebrousse chemin tout doucement et envoie en toute hâte un sous-officier prévenir le commandant. Celui-ci fait aussitôt escalader le talus de gauche à nos hommes.

L'ennemi avait toujours avancé ; à la hauteur de la 1re compagnie, ses soupçons s'éveillent sans doute et la colonne s'arrête.

Le commandant Marty voit cette masse noire à quelques pas de nous; mais tout à coup un doute s'élève dans son esprit. Est-ce la colonne ennemie ou une reconnaissance envoyée de Nogent par le général Rousseau ? Il fallait savoir à quoi s'en tenir ; il fait quelques pas sur la route et crie : « Qui vive? » Deux coups de feu lui répondent sans l'atteindre. Le caporal clairon Augé, qui avait suivi le commandant, riposte aussitôt. « Ce sont les Prussiens, s'écrie le commandant, feu partout ! » La fusillade s'engage aussitôt. Les Prussiens s'étaient divisés en deux ; une partie était restée sur la route, l'autre s'était jetée dans un chemin de traverse coupant cette route à angle droit. Ils nous répondirent vivement d'abord, puis avec mollesse ; leur cavalerie tenta une charge sur la route ; elle fut reçue vigoureusement par notre gauche et tourna promptement bride. Le jour n'avait pas encore paru, et la lueur bleuâtre de la poudre nous permettait seule d'apercevoir nos adversaires se démenant dans toutes les directions ; leur feu ne dura pas longtemps. Les trois premières compagnies, Philipparie, de Gardonne et Perrot, essayèrent de leur couper la retraite ; l'obscurité et l'épaisseur des broussailles les empêchèrent d'avancer ; pendant ce temps, les compagnies de gauche, Eymery et Barbarin, rappelées par le cornet du commandant, se ralliaient sur la route.

Dans cette affaire, qui ne dura pas plus de quinze minutes, le nommé Lavaud Aubin, de la 2me compagnie, eut la tête fracassée par une balle, et le fusilier Lestrade, de la même compagnie, fut blessé à la main droite par un coup de feu. Le lieutenant de Beaumont, de la 1re compagnie, eut les deux cuisses traversées par une balle. On le transporta dans une maison à quelque distance du théâtre de l'action ; et pendant que le bataillon se reformait, notre docteur, resté avec un infirmier et l'ordonnance du blessé, lui donna les premiers soins ; quelques heures après, il fut conduit à l'hôpital de Montmirail. Nous n'eûmes pas d'autres pertes à déplorer. Par un hasard providentiel, l'adjudant-major échappa à une mort certaine. Au moment où il venait nous rejoindre, son cheval s'abattit sur la glace, il ne put parvenir à le relever, et ce fut heureux pour lui : à trois mètres de là, il se serait trouvé entre nos balles et celles de l'ennemi.

Les pertes de ce dernier durent être relativement considérables. Notre feu presque plongeant portait sur une masse assez compacte et engagée sur la route ; tandis que le leur était dirigé de bas en haut sur des hommes espacés et garantis par les branches d'arbres.

Au bruit de la fusillade, le colonel Cathelineau, qui était en route, fit forcer le pas aux francs-tireurs et dépêcha au galop les éclaireurs à cheval et un escadron de chasseurs. Tout était fini quand ils arrivèrent, et le jour commençait à poindre. Le commandant ne voulut pas prendre sur lui de les lancer à la poursuite des Prussiens et attendit l'arrivée du colonel qui, du reste, ne tarda pas ; il n'avait pas l'habitude de rester en arrière quand il savait le danger en avant.

Le programme de la veille ne fut pas modifié. Les francs-tireurs occupèrent la Verrerie, notre bataillon prit position à l'entrée de la forêt, et les chasseurs, divisés en détachements, firent des reconnaissances du côté de la Chapelle-Guillaume, Bazoche et Saint-Avit.

Le jour étant venu, nous vîmes la route piétinée fortement par des fantassins et des chevaux ; il y avait aussi des traces de roue bien évidentes ; quelques empreintes de piétons se voyaient aussi dans le taillis ; enfin, deux chevaux gisaient sur la neige.

Les habitants ne tardèrent pas à affluer et à nous apporter des renseignements. D'après les uns, nous avions eu affaire à quatre ou cinq cents fantassins, accompagnés de quelques cavaliers ; après l'engagement, plusieurs voitures avaient été réquisitionnées pour les blessés au village voisin ; un officier s'était fait conduire de la Chapelle à Chartres. D'après les autres, il n'y avait que de la cavalerie. Dans la journée, on trouva deux autres chevaux morts dans la forêt.

Nos détachements de chasseurs recueillirent des chariots chargés de grain et d'avoine à la Chapelle et sur la route de Bazoche. Celui qui allait du côté de St-Avit fut plus heureux, il rencontra la queue de la colonne prussienne, la chargea intrépidement et revint avec deux chariots chargés de grains, vingt porcs, plusieurs bêtes à corne et la caisse de la colonne contenant huit mille francs en espèces et en billets de banque ; l'ennemi n'avait fait aucune résistance, bien qu'il fut de beaucoup supérieur en nombre à nos chasseurs.

Voici maintenant ce qui s'était passé : Dans ce pays, les voies de communication sont très-nombreuses ; les Prussiens, qui connaissent la topographie de la France beaucoup mieux que nous, s'étaient divisés, après l'action, en plusieurs groupes qui devaient se réunir sur la route de Bazoche à Montdoubleau ; les chariots, les blessés et une partie de l'infanterie s'étaient dirigés par plusieurs chemins sur Saint-Avit ; les cavaliers et le reste de l'infanterie avaient traversé la Chapelle et Bazoche, et la colonne une fois réunie s'était dirigée par Montdoubleau sur Saint-Calais ; elle avait passé à cinq kilomètres de notre droite, tandis que nous la cherchions devant nous.

Nous restâmes à nos postes jusqu'à cinq heures du soir ; les francs-tireurs Phocéens furent laissés à la Verrerie, les Vendéens, dont le tour était venu d'être en première ligne, fournirent des postes disséminés dans la forêt, et notre bataillon, accompagné de ce qui restait du corps Cathelineau, rentra dans son cantonnement, après une journée qui avait été rude sous tous les rapports.

Si, le matin, nous avions eu des éclaireurs, nous n'aurions pas eu besoin de tâtonner pour trouver notre chemin ; arrivés plus tôt, nous nous serions embusqués dans un endroit convenable, et, probablement, pas un des Prussiens n'aurait pu s'échapper. D'un autre côté, si, au lieu du commandant Marty, nous avions eu à notre tête un homme moins énergique, moins expérimenté et dépourvu de sang-froid, nous aurions été infailliblement écrasés.

Le lendemain 30, nous étions de bonne heure à la Verrerie, contre laquelle on craignait une attaque. Les chevaux tués la veille fournirent à nos hommes un excellent déjeuner, et nous repartîmes à pied, sans avoir rien vu, aussitôt que les francs-tireurs envoyés en reconnaissance nous eurent rejoints. Le même soir, les francs-tireurs de la Dordogne passèrent à Montmirail ; le lieutenant Sudrie avait son frère dans ce détachement.

Le 31, les éclaireurs vont explorer les routes de Montdoubleau, Vibraye et la Ferté ; rien de nouveau. Deux de nos compagnies, envoyées en reconnaissance dans la direction de la Chapelle-Guillaume, nous apprennent que les Prussiens se retirent sur Chartres.

Le 1er janvier 1871 se passa dans le repos ; il semblait que, de part et d'autre, on eût consenti tacitement à une trêve. Nous fîmes une visite officielle à M. de Cathelineau, qui voulut bien nous complimenter ; il manifesta beaucoup d'intérêt pour notre pauvre blessé, M. de Beaumont, qui recevait alors et reçut les soins affectueux de l'excellent docteur Loyant, de Montmirail, et du docteur de notre bataillon, pendant notre séjour à Meilleraye.

Le 2, la 6me est envoyée en reconnaissance sur la route de Montdoubleau ; elle doit obliquer à gauche par le chemin de César, et arriver au village d'Oigny ; la 7me, passant par la forêt et la Chapelle-Guillaume, obliquera sur la droite et se réunira à la 6me ; elles rentreront en passant par la Verrerie. Elles ne signalent rien à leur retour ; elles n'ont aperçu que quelques hulans. Le même jour, notre adjudant-major, revenant de remplir une mission, est pris pour un éclaireur prussien, et cause, sans s'en douter, un certain émoi à un officier de francs-tireurs.

Le 3, la 4me compagnie, sous les ordres du lieutenant Gay, nous amène un cavalier prussien blessé par un habitant de la Chapelle-Guillaume ; sur trois, c'était le seul survivant ; ses deux camarades avaient été tués par cet homme, dont ils venaient de violer la femme. Rien de nouveau à signaler jusqu'au 6 janvier. Chaque jour, nous faisions prisonniers quelques espions se disant marchands de bétail. Non-seulement ils ravitaillaient l'armée ennemie, mais, de plus, ils la renseignaient sur notre force et sur nos mouvements. Bien que nos éclaireurs ne nous signalassent rien, nous ne passions pas toutes nos nuits à dormir. Le cornet du commandant nous a souvent réveillés. Nos hommes y étaient accoutumés, et, n'importe à quelle heure, nous étions bientôt prêts. A peine avait-il retenti que portes et fenêtres s'ouvraient ; d'un côté à l'autre de la rue, chacun de se demander : « Quoi de nouveau ? Nous allons donc encore galopper... » Tout le monde était bientôt sur la place, et telles ou telles compagnies allaient pousser une reconnaissance.

Ces courses continuelles avaient d'ailleurs un autre but. Le pain était devenu rare dans notre cantonnement dont les habitants étaient généralement pauvres, et par conséquent, mal approvisionnés. Le capitaine Isambert, causant un jour avec des habitants de la Chapelle, apprit qu'un de leurs boulangers avait une quantité considérable de farine, et que les Prussiens venaient souvent lui en demander. Ce rapport suggéra l'idée de faire manutentionner le pain du bataillon au susdit boulanger, et d'aller le chercher tous les jours avec une compagnie ou reconnaissance. Ce procédé nous réussit parfaitement, et ne laissa pas que d'égayer beaucoup nos hommes.

Nous entendions fréquemment le canon dans la direction de Vendôme et, d'autre part, entre la Ferté-Bernard et Nogent-le-Rotrou.

Le 6 au soir, le colonel Cathelineau prévient le commandant que les troupes prussiennes exécutent des mouvements entre Bazoche et Saint-Calais et qu'il faut se tenir prêts à de nouvelles opérations.

Le 7, la 3me et la 4me compagnies sont envoyées en embuscade dans un bois au bord de la route de Bazoche, pour surprendre des hulans qui viennent chaque jour inquiéter la population. A peine sont-elles arrivées, qu'elles apprennent qu'une colonne ennemie d'environ dix mille hommes se porte de Châteaudun à Nogent-le-Rotrou, en passant par Bazoche. Dans la soirée, des paysans leur rapportent que ce corps d'armée, au lieu de gagner Nogent, se porte sur la Ferté-Bernard. Cette manœuvre a sans doute pour but de couper la retraite au général Rousseau, dont la division se trouve à la Fourche, aux environs de Nogent. Vers cinq heures du soir, nos deux compagnies regagnent Meilleraye. En arrivant, elles trouvent le bataillon et les francs-tireurs sous les armes. Un corps nombreux de cavalerie prussienne s'approchait de Montmirail. Il n'y eut rien ce jour-là ; mais on pouvait s'attendre à tout. Les rapports de nos éclaireurs étaient de plus en plus menaçants ; les Prussiens se remuaient dans tous les sens et semblaient vouloir former un réseau autour de nous ; il fallut songer à la retraite.

Dans la nuit du 7 au 8, vers deux heures du matin, le corps de Cathelineau se replia sur Vibraye ; le général Rousseau venait d'être délogé de ses positions, et Saint-Calais était repris par les Prussiens. Nous laissâmes la 5me compagnie en arrière-garde ; à peine arrivés, il était environ six heures du matin, nous prîmes nos précautions en cas d'attaque. Une grand'garde de cinquante hommes, francs-tireurs et mobiles, commandés par un capitaine de francs-tireurs, fut placée dans le faubourg, en avant du pont, sur la route de Montmirail. Le pont fut barricadé ; un avant-poste fut placé sur la même route, à l'entrée du chemin de César ; deux autres grand'gardes furent placées, l'une à la maison Pothier, sur la route de Saint-Calais, l'autre sur la route de la Ferté ; d'autres postes moins importants furent désignés, le reste des troupes bivouaqua sur la place. Jusque-là, nous n'avions connaissance que d'une seule colonne de cinq à six cents hommes, venant par Montmirail. La 5me compagnie arriva vers huit heures, et nous signala des coureurs prussiens sur les derrières. Avant le jour, l'avant-poste du pont eut deux alertes insignifiantes ; rappelons que, dès notre arrivée, le colonel avait envoyé dans toutes les directions des éclaireurs et des chasseurs.

A neuf heures du matin, pendant que nos hommes, campés sur la place et dans les rues de la ville, mangeaient la soupe, nous entendîmes plusieurs coups de feu en avant du pont de Vibraye ; tout le monde prit les armes. Quelques cavaliers prussiens avaient trompé la surveillance de la sentinelle qui appartenait aux francs-tireurs, et l'avaient tuée d'un coup de révolver ; le poste tira dessus, mais ils étaient déjà hors de portée.

A dix heures, notre grand'garde de la route de Meilleraye, menacée par une force considérable, se replia sur nous. M. de Cathelineau, croyant n'avoir affaire qu'à quatre ou cinq cents hommes, commet à la garde du pont quelques francs-tireurs et notre 1re compagnie (capitaine Philipparie), qui venait d'être rappelée du poste de la route de la Ferté, sur laquelle rien n'était signalé par nos vedettes. Pendant que l'ennemi serait occupé devant le pont, le reste de notre bataillon, se portant sur la route de Saint-Calais, à la maison Pothier où il laisserait deux compagnies en observation, devait traverser la Braie, gravir le coteau et arriver aux dernières maisons du faubourg ; de cette façon l'ennemi se trouverait pris entre deux feux.

Le commandant avait prévenu tout le monde de ce qu'il y avait à faire ; les soldats étaient pleins d'ardeur. Trois compagnies (2me, 3me, 4me), sous les ordres du capitaine Perrot, traversent la rivière, les uns sur un mauvais pont de bois, les autres sur la glace, et grimpent le coteau au pas gymnastique pour exécuter la manœuvre indiquée.

La 5me compagnie, capitaine Eymery, devait suivre à distance, comme grande réserve ; la 6me et la 7me, sous les ordres du capitaine Dereix, devaient garder la maison Pothier, désignée comme point de ralliement, défendre la vallée le long de la rivière, et protéger, si besoin était, la retraite des compagnies engagées.

Pendant ce temps-là, le feu du pont de Vibraye roulait comme un feu de deux rangs ; c'était bon signe ; l'ennemi était occupé ; il était aux prises avec Philiparie. Il était midi ; la colonne Perrot montait toujours. Le feu du pont cessa pendant quelques minutes ; nous crûmes que l'ennemi battait en retraite ; le feu recommença encore plus intense. Nous eûmes l'espoir que notre manœuvre réussirait, quand tout à coup le feu cessa de nouveau ; au même instant, nos hommes qui couronnaient déjà la hauteur se déployèrent rapidement, face en arrière. Qu'arrivait-il donc là ? Nous le comprîmes bientôt : une colonne prussienne, arrivant sur le plateau de César, cherchait à tourner nos trois compagnies et à les rejeter sur le faubourg. Le capitaine Perrot engagea bravement le feu ; il n'y avait rien de perdu si le faubourg était à nous ; mais il fallait s'en assurer. Le commandant envoie à Vibraye l'adjudant-major Lagorce et le docteur Lombard, tous les deux bien montés. Ils arrivent sur la place ; pas une âme ; ils se dirigeaient vers le pont, dans une rue semée d'éclats de pierres et d'ardoises, quand un commerçant, M. Epinette, entrouve sa porte et leur apprend que la 1re compagnie, après avoir disputé le passage aux Prussiens et les avoir repoussés, a dû se retirer sur Montfort, à la suite des francs-tireurs. Les Prussiens occupaient le faubourg, et une de leurs colonnes arrivait par la route de la Ferté-Bernard : « Quant à vous, dit-il, partez sans retard. » Ils durent suivre ce conseil, sans pousser, comme ils en avaient l'intention, jusqu'au lieu du combat. A quelque pas était le cadavre d'un sergent de la 1re, le nommé Brousse, un de nos meilleurs sous-officiers. A peine nos deux cavaliers prenaient-ils la route de Saint-Calais, après avoir tourné l'angle de la place, que les Allemands y débouchaient à leur tour, et envoyaient à notre état-major une décharge qui heureusement n'atteignit aucun d'eux, et coupa seulement quelques branches de pommier au-dessus de leur tête. Heureusement pour eux, la route avait une pente légère, et leurs chevaux semblaient avoir des ailes.

En deux mots, ils rendirent compte de leur mission; les nouvelles étaient graves : non-seulement la journée était perdue, mais le salut du bataillon était gravement compromis. Le commandant sonna de la trompe pour rappeler les compagnies qui tiraillaient encore sur le coteau. A ce moment, nous fûmes rejoints par M. Caillard, capitaine d'état-major, suivi de quatre cavaliers; il était envoyé par M. de Cathelineau pour prévenir le commandant qu'il eût à battre en retraite sur Dolon, à travers la forêt, parce que, outre la colonne que nous avions sur les bras, nous pouvions être tournés par deux autres venant de Saint-Calais et de la Ferté. Les points principaux de la forêt étaient gardés pour protéger notre retraite, et M. Caillard, qui connaissait parfaitement le pays, devait nous servir de guide. Le conseil était bon, mais difficile à exécuter. Une colonne, débouchait de Vibraye, à un kilomètre de nous tout au plus; une autre, plus petite, sortait du faubourg en suivant la rive droite de la rivière; de sorte que, avec celle qui luttait sur le coteau, nous en avions trois à combattre; d'autre part, celle de Saint-Calais pouvait d'un moment à l'autre nous attaquer par derrière. Nous étions, comme on le voit, dans une position assez critique. Le commandant était inquiet, non sans raison; il eut pourtant bien vite pris une détermination. Deux chasseurs furent envoyés en vedette sur Saint-Calais, avec ordre de nous prévenir de l'approche de l'ennemi; les hommes de la 5me furent placés en tirailleurs sur le coteau très-raide et très-boisé qui domine la route et fait face à Vibraye; la 6me fut placée en arrière de la maison Pothier, là où la route fait un coude assez prononcé; elle pouvait tirer tout à la fois sur la colonne de Vibraye et sur celle qui suivait le bord de l'eau ; la 7me, placée un peu plus loin, pouvait protéger les tirailleurs de M. Perrot en tirant sur la colonne qui descendait du plateau de César.

Nos hommes, exaspérés du danger que couraient nos trois compagnies, dans lesquelles chacun comptait un parent ou un ami, firent bonne contenance ; cependant l'ennemi ne nous ménageait pas les balles, et nous eussions été criblés si son tir eut été plus correct ; si les Prussiens manœuvrent bien, ils ajustent fort mal. La colonne Perrot était descendue ; le moment le plus critique pour elle fut le passage de la rivière. Les balles tombaient dru comme grêle, et nos mobiles étaient à découvert ; M. Perrot fit, de son côté, faire un feu de peloton bien nourri sur ceux des Prussiens qui étaient le plus rapprochés de lui, et ses hommes passèrent, les uns sur le pont, les autres sur la glace. Ils y mirent malheureusement trop de précipitation ; la glace rompit en certains endroits, et quelques-uns de nos mobiles disparurent. Ces trois compagnies étaient enfin sauvées ; elles essuyèrent encore quelques coups de feu en traversant la route, et pénétrèrent dans le bois ; nous nous y engageâmes nous-mêmes ; mais nous ne tardâmes pas à en sortir pour reprendre la route de Saint-Calais, que nous devions suivre durant à peu près un kilomètre avant d'entrer définitivement dans la forêt. Nous étions heureusement sortis des griffes de l'ennemi ; mais nous avions néanmoins à craindre la colonne de Saint-Calais. Il fallait l'éviter, si c'était possible ; car, en commençant un nouveau combat, nous courions risque d'attirer encore sur nous les forces de Vibraye et d'être écrasés par le nombre. Comme nos vedettes ne revenaient pas, nous étions un peu rassurés ; le bataillon se mit donc en route, et arriva sans être inquiété jusqu'à l'entrée de la forêt. Nos deux chasseurs avaient vu sur la route un groupe assez fort ; mais il était toujours resté immobile ; nous sûmes plus tard que c'était un poste d'avant-garde. Pourquoi n'avait-il pas marché dans la direction de la fusillade qu'il devait très-bien entendre ? Nous n'avons pas à le rechercher ; son inaction fut favorable à notre retraite.

Si pourtant nos deux officiers n'étaient pas allés à Vibraye se renseigner exactement, pas un homme du bataillon de la Dordogne, sauf la 1re compagnie, n'aurait échappé à la mort ou à la captivité ; bien que quelques minutes seulement se fussent écoulées depuis leur arrivée jusqu'à la venue de M. Caillard, le commandant avait eu le temps de prendre toutes ses dispositions.

Après une heure de marche lente et pénible dans la forêt, nous arrivâmes enfin sur un chemin de grande communication où se trouvait un peloton de nos chasseurs ; de distance en distance, on avait échelonné des postes d'éclaireurs, de chasseurs et de francs-tireurs. Le colonel Cathelineau, à la tête de son corps de réserve, occupait un point central. Nous prîmes la route du Mans au lieu dit de Saint-Hubert. Là, notre 1re compagnie se réunit à nous ; nos bagages et notre malencontreuse artillerie avaient pris une autre direction. Cette artillerie, en effet, ne nous fut d'aucune utilité et ne nous créa jamais que des embarras ; dans ce genre de guerre, nous avions à faire de nombreuses reconnaissances et des mouvements rapides. La marche lente des mulets nous a souvent gênés dans nos marches ; il fallait cependant garder ces joujoux comme des reliques ; l'honneur du corps y était attaché. Elles causaient pourtant un surcroît de service pour la troupe, un impédîment considérable dans nos mouvements ; aussi les compagnies désignées à tour de rôle pour les accompagner considéraient cette tâche comme une corvée désagréable. Quoiqu'il en soit, on nous les avait confiées, il fallait ne pas les perdre. Tranquilles, dès ce moment, le commandant fit faire l'appel dans les compagnies ; il nous manquait 75 hommes et 2 officiers, MM. les lieutenants Rey et Laroussie ; 30 hommes tués ou blessés étaient restés sur le champ de bataille. Parmi ces blessés étaient le sergent-major Lavy, le fusilier Lapierre, Pierre, etc. ; au nombre de ceux qui avaient pu suivre leurs camarades qui firent preuve d'énergie, nous devons citer Démarton, de la 2me, qui avait l'épaule gauche traversée par une balle, et Mazurier, de la 4me, blessé à un doigt.

Quelques heures plus tard, à Dolon, nous fûmes rejoints par nos 45 hommes et nos 2 officiers. Se trouvant en arrière au moment du passage de la Braie et voyant la glace brisée sous les pieds de leurs camarades, ils furent obligés de faire un long détour, et passèrent malgré le feu des Prussiens. Arrivés à la maison Pothier, l'ennemi leur barrait la route en avant et en arrière ; ils traversèrent rapidement, se jetèrent dans la forêt, et, après avoir erré à l'aventure, trouvèrent enfin un guide qui les mit dans la bonne voie.

Ce combat, soutenu pendant plus de deux heures par un seul bataillon de 900 mobiles, sur un terrain peu avantageux, contre des troupes exercées, et que les habitants de Vibraye évaluent à plusieurs milliers d'hommes, restera gravé dans notre souvenir, et nous aurons toujours le droit d'être fiers d'y avoir pris part. Les Prussiens eux-mêmes, nous a dit un de ceux qui ont été prisonniers, furent stupéfaits de notre audace, lorsqu'ils apprirent notre petit nombre.

L'histoire n'en parlera certainement pas ; c'est un fait isolé, en dehors des grandes opérations militaires, et celui qui commandait cette poignée d'hommes et qui savait leur communiquer une partie de sa bravoure était un simple chef de bataillon, trop modeste pour se faire valoir.

Tout le monde fit son devoir ; il est juste néanmoins de signaler, comme s'étant particulièrement distinguées, les 2me, 3me et 4me compagnies, commandées par MM. Perrot et de Gardonne, capitaines ; Gay et Laroussie, lieutenants ; Rey, de Labardonnie et de Maublanc, sous-lieutenants. Quant au capitaine d'état-major Caillard et à l'adjudant-major Lagorse, ils ne quittèrent pas le commandant et l'aidèrent de tout leur pouvoir pendant les différentes phases de l'action ; le premier reçut un coup de pied de cheval et continua pourtant son service.

Nous ignorons quelles furent les pertes de l'ennemi ; elles durent être assez grandes, si nous en croyons ce qui nous a été rapporté ; du reste, nous l'avons dit plus haut, les Prussiens tiraient mal, et nos mobiles, qui avaient tout leur sang-froid, brûlèrent trop de cartouches pour ne pas lui avoir causé un sensible dommage.

Nous traversâmes Dolon sans nous y arrêter ; heureuse inspiration ! car, une heure après, une portion de l'armée ennemie y passait à son tour, et vers huit heures nous arrivions à Thorigny, où nous pûmes prendre un moment de repos et quelque nourriture.

A Conneré, nous rencontrâmes le corps du général Rousseau qui battait aussi en retraite ; enfin, à trois heures du matin, nous arrivions à Montfort. Là, on voulut bien nous dire que notre combat de la veille, grâce au temps d'arrêt que nous avions imposé à l'ennemi, avait permis à la division Rousseau d'opérer sa retraite sans être inquiété, et tout se borna là. Il est probable que le général en chef n'en a jamais rien su, car nos états de proposition, non-seulement après cette affaire, mais à la fin de la campagne, n'ont jamais été pris en considération, bien qu'ils aient été faits avec une sobriété sans exemple dans les autres bataillons. La raison en est, sans doute, que le corps Cathelineau n'était jamais sous les ordres directs d'aucun général ; on se servait de lui dans les cas difficiles, on lui disait ensuite *merci*, et tout était fini ; il portait ailleurs son cœur et ses cartouches.

Nous avions trouvé beaucoup de troupes à Montfort ; presque tout le 21me corps (général Jaurès) y était réuni ; il en arriva beaucoup d'autres après nous ; il était évident qu'une affaire importante se préparait. Nous eûmes de la peine à nous procurer des vivres ; enfin, le peu qu'il fût possible de trouver : une distribution de biscuits, avec recommandation de le ménager, et un cran de plus au ceinturon nous firent supporter la faim. Notre cantinier était parti avec les vivres ; nous ne le revîmes qu'après la campagne.

Le matin de ce jour, 9 janvier, on nous adjoignit le 4me bataillon des mobiles de la Haute-Garonne (commandant Delmas) de formation toute récente ; il n'avait pas encore vu le feu, mais il était bien discipliné, bien armé, et tout faisait prévoir qu'on pourrait l'utiliser avec avantage. La connaissance fut bientôt faite, et les meilleurs rapports s'établirent tout de suite entre nos deux bataillons. Nos nouveaux camarades reçurent immédiatement le nom de l'*autre Garonne*, la plus grande partie de nos mobiles n'ayant jamais pu s'accoutumer à prononcer d'une façon correcte le nom de ce département. Dans la journée, le commandant adressait à M. de Cathelineau son rapport sur l'affaire de Vibraye. Le soir, vers quatre heures, le colonel reçut l'ordre de se porter sur Conneré avec deux bataillons pour soutenir l'aile droite du général Colin qui était aux prises avec l'ennemi. La Haute-Garonne fut laissée en observation au pont de Gennes, la Dordogne et les francs-tireurs partirent au pas de course. Nous arrivâmes trop tard ; la brigade Colin, obligée de céder, battit en retraite par la gauche de Montfort ; Conneré était occupé par les Prussiens ; nous rentrâmes à neuf heures du soir. D'après la direction des feux de bivouac qu'on apercevait au loin, il semblait que l'ennemi voulût cerner Montfort. Le même soir, par un ordre mal compris, nos bagages et la 2me compagnie furent envoyés à Sargé.

Le 10 au matin, la 6me compagnie était envoyée en grand'garde dans un bois de sapins, à gauche et en avant du village, dans la direction de Conneré ; elle resta là toute la journée, ayant vis-à-vis d'elle une batterie prussienne de quatorze pièces, que le capitaine Dereix pût parfaitement compter à l'aide de sa lorgnette. Deux compagnies de la Haute-Garonne et une de francs-tireurs, sous les ordres du commandant Delmas, étaient postées au viaduc du chemin de fer, en avant du pont de Gennes ; à midi, on crie : « Aux armes ! » Le reste du corps Cathelineau va prendre position sur les coteaux qui dominent la vallée de l'Huisne, en avant de Montfort. Les Vendéens et trois compagnies de notre bataillon étaient en tirailleurs dans les taillis. La Haute-Garonne et le reste de notre bataillon restaient comme soutien ; notre artillerie était un peu en arrière de nous. De nos positions, nous voyons distinctement, de l'autre côté de la rivière, les cavaliers ennemis galoper dans la plaine et les différents mouvements de leurs troupes. Il n'y eut, dans cette journée, rien d'important ; quelques coups de canon d'essai, pour ainsi dire, furent tirés de part et d'autre. Nous restâmes là immobiles, dans un pied de neige, jusqu'à sept heures du soir ; en rentrant à Montfort, nous trouvâmes notre deuxième compagnie qui s'était empressée de réparer son erreur de la veille ; nos bagages et quelques malades étaient restés à Sargé.

Nous avions oublié de dire que, le 8 janvier, l'escouade que nous avions perdue à Vanes nous avait rejoints à Vibraye, et avait fait son devoir, comme tout le monde.

Le 11, avant jour, après avoir pris des cartouches à Pont-de-Gennes, nous allâmes occuper nos positions de la veille. La bataille fut engagée en avant du pont de Gennes par les tirailleurs prussiens et leur artillerie. Une de leurs batteries, placée dans un chemin creux, sur une éminence qui nous paraissait très-éloignée, fit beaucoup de mal à nos troupes de Montfort ; nos pièces n'avaient pas assez de portée pour lutter avec elles. Tout près de nous, les francs-tireurs furent vivement attaqués et essuyèrent des pertes sérieuses. La bataille était vive sur une grande étendue.

Vers deux heures du soir, nos compagnies, qui, sous les ordres du commandant Delmas, avaient fait le coup de feu en tirailleurs au chemin de fer, furent relevées et vinrent nous rejoindre. A trois heures, le corps Cathelineau réuni reçut l'ordre de se porter à Fatine, pour garder ce village de concert avec des mobilisés qui y étaient déjà. Nous devions occuper ce point jusqu'au moment où le général Rousseau, chargé de l'arrière-garde du 21me corps, aurait passé. Les mobilisés occupaient les abords du village, partie sur la route de Champagny, partie sur la route de Corneilles; un détachement de cavalerie était dans Fatine.

M. de Cathelineau, après avoir reconnu la position, fit établir des grand'gardes à cinq cents mètres en avant des quatre principales issues du bourg; elles étaient reliées entre elles par des postes intermédiaires. Lui-même, à la tête de deux compagnies de francs-tireurs fut à la découverte du côté de Champagny; il tomba dans une ambuscade prussienne, qui lui tua ou prit plusieurs hommes.

Pendant que cela se passait, et à la faveur de l'obscurité, il était déjà sept heures du soir, l'ennemi s'approchait, à travers champs, de notre grand'garde de la route du Mans, et se retirait après avoir échangé quelques coups de fusil. Depuis notre arrivée dans le village, nous recevions une grande quantité de balles sans entendre aucune détonation; le sifflement qu'elles produisaient en passant ou le bruit qu'elles faisaient en tombant, nous en firent apercevoir. Elles venaient sans doute de fort loin, car quelques-uns de nos soldats en furent atteints et légèrement contusionnés; peut-être aussi étaient-elles poussées par du fulmi-coton qui ne donne qu'une faible détonation.

A onze heures, les mobilisés se retiraient sur Ivré-l'Evêque, et le corps Cathelineau resta seul gardien de Fatine. Quand on eut pourvu aux vides que faisait leur départ, il nous restait à peine dans le village trois compagnies de réserve. Pour nos hommes des postes, la position était terrible; ils devaient rester accroupis dans la neige, sans feu, bien entendu, et sans faire le moindre mouvement : plusieurs en revinrent avec les extrémités gelées. De onze heures à minuit, l'ennemi tenta deux fois de pénétrer dans le village par l'angle que laissent entre elles la route du Mans et celle de Champagny. Il fut repoussé deux fois par les postes intermédiaires qui formaient une ligne presque continue d'une route à l'autre. Depuis, notre tranquillité ne fut troublée que par l'envoi de quelques-unes de ces balles silencieuses dont nous avons parlé.

L'ennemi nous croyait-il fort nombreux, ou bien n'était-il pas lui-même assez fort pour tenter une attaque sérieuse? Nous l'ignorons. Enfin, nous avons conservé Fatine et contribué de notre mieux à assurer la retraite du 21me corps. Notre bataillon avait déjà bien souffert et joué son rôle dans le grand drame qui s'accomplissait alors; mais la journée ou plutôt la nuit de Fatine, pendant laquelle nos mobiles, gelant sur place, sans nourriture depuis la veille, harcelés par un ennemi invisible, assistèrent impassibles à la retraite d'une foule en désordre, mérite certainement de figurer dans notre souvenir à côté de la journée de Vibraye.

Le 12, à quatre heures du matin, le général Rousseau nous arriva; les Prussiens s'avançaient par Montfort, et la route du Mans était coupée. Nous devions nous rendre à Sargé en contournant le plateau d'Ivré-l'Evêque, occupé déjà par l'ennemi. L'ordre de départ fut donné, tous nos postes relevés, et, à six heures, nous commencions une retraite qui ne devait finir qu'à Château-Gontier. Notre colonne, grossie de tous les traînards que nous rencontrions, serpentait péniblement à travers un dédale de chemins impraticables.

A quelque distance de Fatine, nous fûmes sur le point de tomber au milieu d'une division prussienne ; heureusement le brouillard était épais, et nous pûmes reprendre la bonne voie sans avoir été aperçus. Jamais nous n'avions été aussi près de notre perte ; ses batteries, qui occupaient les hauteurs, n'auraient eu qu'à tirer dans le tas. Nous arrivâmes enfin sur les plateaux de Lacroix, et, avec la division Rousseau, nous nous mîmes en bataille pour soutenir la retraite des autres corps. Nous n'avions plus de vivres ; chacun de nous trempait son morceau de biscuit dans la neige. Pendant la route, nous apprîmes la prise du Mans. La position qui nous avait été assignée était un champ que rien n'abritait, et d'où nous voyions distinctement les canons de l'ennemi. La division Rousseau était plus favorablement postée ; nous reçûmes l'ordre de nous déplacer et d'aller plus en avant. Il était temps, car à peine étions-nous en marche, que les obus tombaient drus comme grêle sur l'emplacement que nous venions d'abandonner. Le général Rousseau soutint le feu ; il avait, outre une bonne position, une artillerie encore assez respectable ; la nôtre n'était pas assez forte pour riposter aux Allemands. Vers quatre heures, nous étions à Sargé, où nous restâmes deux heures sans pouvoir avancer, tant la route était encombrée de troupes, de matériel de guerre et de bagages. M. de Cathelineau et les francs-tireurs nous avaient précédés, nous laissant la garde de l'artillerie et des munitions. De là, le bataillon se dirigea sur Neuville, petit village à quelques kilomètres du Mans ; il faisait déjà nuit. Nous y prîmes un guide que nous emmenâmes le revolver sous la gorge, tant les gens étaient lâches et effrayés, et nous arrivâmes à la Guerche. Des troupes de toutes armes encombraient le village. Depuis vingt-quatre heures, nous avions vécu d'un biscuit ; nous ne trouvâmes pas beaucoup plus de ressources. Quelques-uns d'entre nous eurent la bonne fortune de rencontrer le capitaine Laroche, des francs-tireurs de Loir-et-Cher, et une dizaine de Périgourdins, sans distinction de grades, lui durent une place auprès du feu, dans une maison, un repas un peu plus réconfortant et du café. La compagnie de Loir-et-Cher nous était plus sympathique qu'aucune autre. Toutes celles du corps vendéen étaient certes braves et bien disciplinées ; mais il y avait entre les hommes de Loir-et-Cher et leurs officiers une affection réciproque que l'on ne trouvait pas ailleurs. Sévère, énergique, mais juste et bienveillant, le père Laroche était, comme le père Marty ; il se serait sacrifié pour ses hommes, et il veillait sur eux comme sur ses enfants. Il joignait à ces qualités une bravoure réelle, mais sans forfanterie ; il parlait peu et agissait beaucoup, sans jamais chercher à se faire valoir.

Le 13, nous partions, à six heures du matin, à la suite d'une grande quantité de troupes ; à dix heures, nous faisions une courte halte à Saint-Marceau ; nous laissions passer devant nous la division Rousseau, et, à midi, nous traversions Beaumont-sur-Sarthe les derniers. « *C'est crâne,* » dit le général Rousseau à M. de Cathelineau, et le général savait ce qu'il disait et s'y connaissait. A la tombée de la nuit, nous arrivions à Fresnay ; les francs-tireurs y furent cantonnés, et notre bataillon fut envoyé à Saint-Ouen. Les postes furent établis, et nous eûmes enfin une nuit de repos et des vivres. Les habitants firent pour nous ce qu'ils auraient voulu qu'on fit pour leurs enfants.

Le 14, nous arrivions à Saint-Georges-le-Gautier, à quatre heures du soir. On nous dit que les éclaireurs prussiens étaient à Fresnay et que Beaumont était occupé; on entendait le canon dans la direction de Mamers et d'Alençon.

Le lendemain 15, nous entrâmes à Courcité; les francs-tireurs furent dirigés sur Villaine-le-Jubel.

La veille, on avait levé le camp de Conlie, et l'ennemi était à Sillé-le-Guillaume; nous étions tout près de là. Des grand'gardes furent établies, et la nuit se passa debout. Nous eûmes encore une alerte; mais ce fut tout. Nous savons de source certaine qu'une forte colonne nous suivait à une petite distance.

Le 16, nous ralliâmes les francs-tireurs à Villaine; ils furent dirigés sur Lassay, et nous devions aller coucher à Courberie. Avec la meilleure volonté du monde, il était impossible d'y loger le bataillon; deux cents hommes au plus y pouvaient trouver place; nous couchâmes donc cette nuit à Lassay.

Les habitants de Courberie étaient d'ailleurs parfaitement disposés en faveur des Prussiens, qui faisaient leur devoir, disaient-ils à deux officiers qui avaient été faire préparer les logements. Si les Prussiens y sont passés et si tous les indigènes sont conformes à l'échantillon que nous avons eu sous les yeux, ils ont dû y être bien accueillis. Nous eûmes la bonne fortune de retrouver nos bagages à Lassay.

Le lendemain, nous arrivâmes à Gorron, après avoir

déjeuné à Ambrières. Les officiers trouvèrent là un maître d'hôtel, ancien militaire, tellement belliqueux, qu'il ne distinguait ni amis ni ennemis, et ne parlait de rien moins que de nous mettre à la porte. On eut peine à lui faire entendre raison. Il est vrai que nos mines et nos vêtements ne prévenaient pas en notre faveur, mais ce n'était certes pas notre faute. A Goron, nous fûmes bien reçus. Nous déjeunâmes à la Tanière. Si l'on nous demandait notre avis pour grossir le revenu de l'état pendant l'année 1871, nous émettrions le vœu qu'on frappât d'une taxe considérable tous les hôteliers et cafetiers qui ont eu des troupes à héberger et qui n'ont point eu la visite de l'ennemi. Sans doute, ils avaient de grandes difficultés à renouveler leurs approvisionnements ; mais tous, à peu d'exceptions près, ont rançonné d'une façon incroyable les malheureux soldats qui passaient chez eux. L'aubergiste de la Tanière en est un exemple. Notre étape fut, ce jour-là, très-allongée : on nous dirigea d'abord sur Landivy ; enfin, on nous fit faire un détour considérable, et nous regagnâmes la route de Fougères ; nous fîmes au moins douze kilomètres en sus de l'étape, avec de la neige jusqu'aux genoux.

Le 18 janvier, à six heures du soir, nous arrivions à Fougères, en plein département d'Ille-et-Vilaine. L'accueil qu'on nous fit ne fut pas des plus sympathiques ; on était fatigué de loger des troupes au moins autant que nous étions las de marcher. Les hommes couchèrent dans une église et les officiers dans les hôtels, presque tous à leurs frais. Nous trouvâmes là un quasi-compatriote, M. Froidefond, receveur particulier. Bien que malade, il logea et nourrit plusieurs d'entre nous ; de plus, il nous rendit l'immense service de nous donner de l'argent, dont nous avions un pressant besoin : la paie n'avait pas été faite depuis longtemps, et les bourses étaient à sec. M. de Labattut remplissait alors les fonctions d'officier payeur. On trouva à Fougères des guêtres qui furent achetées et distribuées. Les souliers n'y manquaient pas, mais ils étaient trop petits ; on en donna une soixantaine de paires, alors qu'il en aurait fallu au moins quatre cents. Beaucoup de nos soldats étaient nu-pieds ou à peu près, et, le 20 janvier, quand nous partîmes de Fougères, plus d'un, et en particulier notre vieux et brave tambour Guivarche, marchaient pieds nus dans la neige. On ne peut appeler chaussure les quelques morceaux de cuir qu'il avait attachés avec de la ficelle.

Le jour de notre départ, les mobilisés faisaient l'exercice sur le boulevard ; au même moment passait un convoi de prisonniers prussiens ; nous n'oublierons jamais avec quel air de mépris et quel sourire dédaigneux ils regardaient les mobilisés et nous-mêmes ; il faut bien l'avouer, sans doute ils se sentaient déjà nos maîtres. Le même jour, nous couchâmes à Princé, dont le maire fut pour nous d'une complaisance sans égale.

L'étape suivante fut le Pertre ; de là nous devions aller à Cossé-le-Vivien. L'officier chargé des logements fut tellement mal reçu par le maire, et trouva chez ce magistrat tant de mauvaise volonté doublée de tant d'impertinence, que nous dûmes renoncer à l'importuner lui et ses administrés. Nous nous arrêtâmes donc à Méral.

Le lendemain, laissant chez le curé qui soigna avec une charité évangélique le lieutenant Rey, atteint de variole, et le lieutenant de la Bardonnie, dont les forces trahissaient enfin le courage, car depuis Saint-Georges il nous suivait en faisant des prodiges d'énergie, nous gagnâmes la petite ville de Craon. C'était notre dernière étape avant Château-Gontier.

Chacun profita des quelques heures que nous y passâmes pour faire sa toilette. Aussi le lendemain, au moment du départ, nous étions frais et propres ; on n'aurait jamais cru que nous venions de faire vingt-trois ou vingt-quatre jours de marche. C'est à Craon que nous avons entendu dire : « *qu'à la forme de l'eau, on peut juger de sa profondeur*. » Méditez et comprenez, si vous le pouvez. Que cet aphorisme soit léger à celui qui s'en est rendu coupable.

Le 24 janvier, à deux kilomètres de Château-Gonthier, nous retrouvions les francs-tireurs, les chasseurs et le bataillon de la Haute-Garonne. Le général Cathelineau, après nous avoir passés en revue, se mettait à notre tête, et à quatre heures du soir, nous faisions notre entrée solennelle dans la ville.

CHAPITRE VI.

Château-Gontier.

Ceux de nos lecteurs qui ont fait la campagne savent qu'on ne nous avait point envoyés à Château-Gontier pour nous reposer. Nous étions là tout près de l'armée allemande, à l'extrême droite de l'armée française, dont la ligne s'étendait à notre gauche jusqu'à Mayenne. Le quartier-général était à Laval, à trente-deux kilomètres de nous. Nous devions défendre Château-Gontier.

La ville est bâtie en grande partie sur le flanc d'un coteau assez élevé descendant jusqu'à la rive droite de la Mayenne, et s'étendant fort loin en amont et en aval. Sur cette rive, une ligne de défense allant d'Angers à Laval aurait été formidable. Au sommet du coteau se trouve la belle promenade appelée le bout-du-Monde. Sur la rive gauche sont des constructions plus récentes; on les appelle le faubourg. De ce côté s'élèvent l'hôpital et le collége. Le pont, qui unit les deux parties de la ville avait été miné; l'explosion avait ébranlé toutes les maisons voisines ; toutes les fenêtres étaient veuves de leurs carreaux ; bon nombre de cloisons avaient été renversées et des plafonds effondrés. Cette précaution était aussi dangereuse qu'inutile. Château-Gontier, attaqué par la plaine, est facile à défendre ; mais la rupture du pont paralysait la défense du faubourg et celle de la ville. En effet, l'ennemi, maître du faubourg sans coup férir, puisque l'on ne pouvait y laisser des troupes sans compromettre leur salut, pouvait s'y retrancher et rendre impossible la défense de la ville. Le colonel Cathelineau, qui devait garder cette localité, comprit le danger de la situation. Son premier soin fut de faire établir un pont de bateaux, et de faire occuper le faubourg par une partie de notre bataillon. Immédiatement des postes furent placés, et le service recommença dans toute sa rigueur et son exactitude. L'ennemi occupait Sablé et envoyait des reconnaissances jusqu'à Gréez, Gennes et Bierné, à quelques kilomètres de Château-Gontier. Pendant ce temps, l'armée de Bretagne s'organisait, et Cathelineau, nommé général de brigade, prenait le commandement d'une division dont fit naturellement partie le 3me bataillon de la Dordogne.

M. le commandant Marty fut mis à la tête de la 1re brigade de cette division.

M. le capitaine Dereix, qui venait d'être promu au grade de chef de bataillon, fut retenu à l'armée de Bretagne et prit le commandement du bataillon en remplacement de M. Marty, nommé chef de brigade provisoire.

Un nouveau dédoublement fut encore demandé et promis. Ce dédoublement reçut même un commencement d'exécution.

Le chef de bataillon Dereix prit le commandement du demi-bataillon de gauche et le capitaine Perrot celui du demi bataillon de droite. Ces deux fractions formaient deux bataillons complets.

Les officiers et sous-officiers proposés pour les emplois créés par le dédoublement furent attachés aux nouvelles compagnies, mais seulement pour le service de guerre et les manœuvres, l'administration intérieure devant rester la même jusqu'à la décision ministérielle qu'on avait provoquée.

Notre service principal, celui des embuscades et des reconnaissances, en était devenu plus facile, plus régulier.

Tout le monde était content et disposé à bien faire dans le nouveau coup de collier que préparait le général Chanzy.

L'armistice et plus tard la conclusion de la paix vinrent encore faire avorter cette combinaison et détruire toutes nos espérances.

Le lendemain, 25 janvier, nous eûmes la joie de voir arriver nos deux chers délégués, MM. Vergnol et Eymery. Ils n'étaient pas parvenus jusqu'à nous sans peine et sans danger. Partis à l'époque de la retraite du Mans, au moment où notre armée était en pleine déroute, ils avaient passé souvent bien près de l'ennemi, si près, qu'il leur avait fallu parfois rétrograder. Si encore ils avaient su où nous étions ! mais personne ne pouvait les renseigner. C'est à Rennes seulement qu'ils apprirent notre arrivée à Château-Gontier. Quel dévouement ils ont montré, et quelle reconnaissance ne leur devons-nous pas ! Ils nous apportaient des nouvelles du pays (car dans nos marches incessantes aucune lettre ne nous parvenait), et de plus des effets, des vêtements indispensables ; nos hommes étaient nus, et, bien que la température se fût un peu adoucie, elle était encore assez rigoureuse. Mme l'amirale Fourichon les avait chargés de colis destinés aux hommes du 3me bataillon : c'étaient des ceintures et des gilets de flanelle, des caleçons. L'administration, de son côté, nous envoyait des vareuses, des capotes, des pantalons, des souliers et des képis ; enfin, nous allions être mis à neuf.

Ils nous apportaient aussi des journaux : entre autres, le numéro du *Périgord* du 6 janvier, qui contenait la narration de notre affaire de la Bazoche. A la fin de l'article, il était question d'une combinaison qui élevait le grade du commandant Marty. Cette combinaison, qui donnait satisfaction à tout le monde, consistait à faire de notre bataillon un régiment que l'on aurait complété, et qui aurait pris le nom de tirailleurs de la Dordogne. La demande fut faite et n'aboutit pas ; c'eût été pourtant une bonne mesure.

Un autre, le *Phare de la Loire* du 20 janvier, contenait une proclamation de M. de Cathelineau, chargé d'organiser la défense dans l'ouest de la France. Nous n'en citerons qu'une phrase : « Depuis des mois, je conduis des braves au combat ; partout nous avons fait notre devoir ; partout nous avons résisté, etc., etc. »

Le lendemain, nos délégués assistaient à un service solennel célébré en l'honneur des victimes de Vibraye, de Montfort et de Fatine, tout le bataillon s'y trouvait en armes. Un aumônier vendéen, un des trois qui nous avaient suivis partout et que nous aimions tous, parce que à une foi sincère ils joignaient beaucoup de courage et le dévouement le plus absolu, nous traça à grands traits l'histoire de la campagne que nous venions de faire. A l'issue du service, le général nous adressa une allocution pleine de cœur et de bon sens. Il nous apprit, en terminant, qu'il nous avait mis sous la protection de la Vierge; nous n'en savions rien avant ce discours; mais il paraît qu'il en était ainsi. On cria: *Vive le général! Vive la France!*

La distribution des vêtements fut commencée, et nos délégués partirent emportant tous nos remercîments, et pour Mme l'amirale une lettre du commandant.

Cependant M. Marty prenait toutes les dispositions nécessaires en cas d'attaque et visitait les environs.

Le 28, nos hommes franchissaient la rivière, et tout le monde était logé sur la rive gauche; M. Marty faisait les fonctions de commandant de place.

Le 29, une compagnie était envoyée en reconnaissance à Gréez-en-Bouère.

Le 30, on connaissait l'armistice; mais comme il n'y avait rien d'officiel, la 7me compagnie alla occuper la position de Gréez-en-Bouère; Sablé était au pouvoir des Allemands. Les préliminaires de paix furent accueillis avec satisfaction. Nous étions prêts à obéir, mais chacun voyait que l'armée de la Loire, malgré sa bravoure, ne pouvait tarder à succomber devant un ennemi formidable, discipliné et surtout enivré de ses succès.

Le 31, la 7me fut relevée par la 2me; la 1re fut envoyée à Bierné et la 3me à Gennes.

Dans les premiers jours de février, la distribution des effets fut continuée; de nouveaux délégués nous étaient venus, portant un surplus de vêtements ; et le 8, on procéda aux élections des députés à l'Assemblée nationale. Nulle part ces élections ne furent plus libres que dans le 3me bataillon. Le commandant voulut que chaque homme pût voter selon sa conscience, et qu'il fût aussi éclairé que possible sur l'importance de ce qu'il allait faire. Il autorisa même des réunions électorales pour les hommes du bataillon ; et chacun put y développer ses théories tout à son aise. Tout se passa dans le plus grand ordre ; le 8, le bureau fut installé et les élections faites dans la forme prescrite. On sait quel fut le résultat ; la liste Thiers, Fourichon, Bardy de Fourtou, de Chadois, etc., passa à une grande majorité.

Vers le 10, les postes furent relevés ; on envoya la 4me compagnie à Gréez ; la 5me et la 6me furent envoyées à Meslay, le poste de Gennes fut supprimé, et celui de Bierné donné à la Haute-Garonne. Notre cadre d'officiers subit peu après un remaniement presque complet.

M. de Chadois, colonel de notre régiment après l'élévation de M. Desmaisons au grade de général, fut nommé député. M. de Nattes lui succéda ; il fallut trouver un autre chef de bataillon. M. Dereix fut désigné pour aller prendre le commandement du 1er bataillon. Il lui en coûtait de quitter ses camarades, les amis avec lesquels il avait vécu pendant si longtemps. Il avait repris du service par dévouement et patriotisme, un galon de plus le touchait peu. M. de Cathelineau l'appréciait beaucoup et tenait à le conserver ; il obtint du général Chanzy que le commandant Dereix restât au bataillon. M. Marty faisait fonctions de lieutenant-colonel. Tant que M. de Cathelineau était en train de demander, il aurait bien pu faire nommer M. Marty d'une manière définitive ;

c'eût été une récompense bien gagnée. Fort heureusement M. Marty n'y tenait pas énormément. Lui aussi avait pris du service par patriotisme, et c'est le lieu, ou jamais que nous citions la phrase suivante insérée dans le *Périgord* du 28 octobre 1870 : « En retraite depuis » une année environ, ce vaillant officier sollicita, dès le » début des hostilités, de reprendre du service, avec ou » sans grade, dans un corps quelconque. » A la même époque, MM. Lagorce et Laroussie passèrent capitaines ; MM. Cantelauve, Rey et de la Bardonie devinrent lieutenants; l'adjudant Lachaud et les sergents-majors Delmas, Monribot et Lavy étaient nommés sous-lieutenants ; ce dernier était resté blessé à Vibraye. Le sergent Barrot, de la 3me, ancien sous-officier qui portait la médaille d'Italie et qui s'était fait constamment remarquer par sa bonne conduite et son courage, prenait le poste d'adjudant.

Le corps de M. de Cathelineau s'était beaucoup augmenté ; son appel aux volontaires de l'ouest et de la Bretagne avait été entendu, et M. Queyriau avait amené de Rennes un grand nombre de volontaires. Bien que la dissolution des francs-tireurs fût une des conditions de l'armistice, M. de Cathelineau avait été autorisé à conserver les siens, qui furent dès-lors considérés comme faisant partie de l'armée active, et prirent le nom de chasseurs vendéens.

Dans les derniers jours que nous passâmes à Château-Gontier, nous reçûmes plusieurs journaux : le *Périgord* du 3 février contenait la lettre suivante, que nous reproduisons et qui était due à l'initiative de M. Laurent, entrepreneur à Périgueux :

« *A MM. Vergnol, greffier, et Eymery, négociant.*

» MESSIEURS,

» Vous avez compris que chacun, dans la mesure de » ses forces, doit concourir à la défense nationale; voilà » pourquoi vous vous êtes chargés de la belle mission » d'améliorer le sort des mobiles du 3me bataillon, et » voilà pourquoi vous avez entrepris, malgré les diffi- » cultés du moment, ce pénible voyage.

» Vous avez rendu un grand service aux familles du » Périgord, et nous sommes heureux de vous en témoi- » gner publiquement toute notre reconnaissance.

» Ces voyages vous ont mis en relation avec M. de » Cathelineau; peut-être avant peu aurez-vous le plaisir » de le revoir.

» Permettez-nous de confier à votre bienveillance une » mission que nous avons à cœur de voir remplir.

» Nos angoisses sont cruelles; mais il est pour nous des » pensées consolantes. Toutes les lettres de nos enfants » s'accordent à louer la haute intelligences, la rare pru- » dence du chef de corps M. de Cathelineau et de leur » commandant Marty.

» Nous savons que, dans plusieurs circonstances gra- » ves et difficiles, l'énergie du commandant Marty, sa » vigilance toujours soutenue, ont conjuré de terribles » périls.

» Nous savons encore que le 3me bataillon des mobiles » de la Dordogne forme sous lui une véritable famille, » où règne la plus pure des confraternités.

» Nous voudrions, Messieurs, traduire les sentiments » que de telles assurances nous inspirent, et en faire

» hommage à M. de Cathelineau, au commandant Marty
» et aux divers officiers du 3me bataillon.

» Nous avons été bien heureux de lire, ces jours der-
» niers, dans les journaux, que nous ne nous trompions
» pas en ayant la plus grande confiance en M. de Cathe-
» lineau, puisque le gouvernement de la défense natio-
» nale, après avoir apprécié son savoir militaire et son
» dévouement à la France, lui a confié le commande-
» ment en chef des forces de l'ouest.

» Soyez assez bons pour nous servir d'interprètes et,
» en vous acquittant de la mission si pleine de cœur et
» si méritoire que vous avez bien voulu accepter, offrez
» à ces messieurs avec nos remercîments l'expression de
» nos vœux les plus chers. »

(Suivent plus de trois cents signatures.)

Le fils de M. Laurent était un de nos meilleurs sous-officiers ; il nous avait perdus à Fatine, et nous rejoignit à Château-Gontier, après des fatigues et des souffrances inouïes.

Dans le même numéro du *Périgord,* nous trouvâmes une note confirmant la mort du lieutenant de Beaumont, que nous avions été forcés de laisser à l'hôpital de Montmirail, lorsqu'il nous fallut abandonner cette position. Sa blessure était trop grave pour qu'il nous fût possible de le transporter. Malgré les soins dévoués du docteur Loyaut, il avait succombé après de longues souffrances. Si nous étions restés près de lui, peut-être aurait-il été sauvé ; mais seul, au milieu des ennemis, il fut pris de nostalgie, et tous les soins furent impuissants. Il emportait les regrets et l'affection de tous ses camarades et de tous nos mobiles ; chacun avait su apprécier toutes les qualités qu'il possédait et qui le distinguaient.

Un autre numéro, celui du 5 février, contenait le rapport adressé au préfet de la Dordogne par MM. Eymery et Vergnol. Nous le citons en entier, non parce qu'il fait l'éloge du bataillon, mais parce que nous le considérons comme un document historique plein d'intérêt :

« MONSIEUR LE PRÉFET,

» Lorsque nous sommes partis de Périgueux pour
» apporter quelques faibles secours aux mobiles du 3me
» bataillon, nous étions sous le coup de pénibles impres-
» sions. Etaient-ils anéantis, et, s'il en restait quelques
» débris, où les trouverions-nous ?

» Telles étaient les questions que nous nous posions.

» Rennes nous avait été indiqué comme point où nous
» trouverions des renseignements ; il n'en a pas été
» ainsi. Nous avons dû aller plus loin, et ce n'est qu'au
» quartier-général de l'armée de la Loire que nous avons
» eu des indications presque certaines.

» Enfin, après un long, pénible et dangereux voyage
» et de nombreuses tribulations, dont nous vous ferons
» grâce, nous avons retrouvé nos compatriotes, et nous
» pouvons rassurer leurs familles en racontant les faits
» en toute connaissance.

» Nous avons retrouvé nos mobiles à Château-Gontier,
» à trente kilomètres de Laval ; mais ils ne sont point
» arrivés là sans fatigues et sans dangers.

» Ils ont quitté Châteauroux ou les environs peu de
» temps après nous.

» Ils ont été dirigés en chemin de fer vers le corps

» d'armée de Chanzy, où ils ont été chargés d'occuper,
» concurremment avec les francs-tireurs de Cathelineau,
» les positions de Meilleraye et de Montmirail.

» Les journaux vous ont appris la rencontre de Ba-
» zoche, du 30 décembre dernier, laquelle devrait plutôt
» s'intituler rencontre de la Verrerie.

» Depuis, bien des faits se sont passés. Nous sommes
» heureux d'être les premiers à vous en parler, car la
» conduite des mobiles du 3me bataillon, après le 30 dé-
» cembre, leur vaudra probablement, si ce n'est déjà un
» fait officiel, d'être portés à l'ordre du jour de l'armée.

» Nous avons vu chez M. de Cathelineau une dépêche
» très-élogieuse pour le bataillon ; elle venait du général
» en chef.

» Le 8 janvier, obligés d'évacuer Montmirail et Meil-
» leraye, à quatorze lieues de tout secours, le corps de
» Cathelineau s'est replié sur Vibraye, à sept lieues de
» Montmirail.

» A peine était-il à ce point, que les Prussiens arri-
» vaient par trois routes différentes, au nombre de quin-
» ze mille environ, avec de l'artillerie.

» Le corps de Cathelineau n'était pas assez fort pour
» accepter la lutte dans des conditions aussi inégales : il
» dut battre en retraite ; mais il avait à sauver une
» batterie de campagne qu'on lui a récemment adjointe,
» ses vivres et les divers bagages de tout le corps.

» Le commandant Marty fut obligé de soutenir la
» retraite avec son brave bataillon.

» Dans cette position difficile et critique, s'il en fut
» jamais, M. Marty a montré toutes les qualités qui dis-
» tinguent un chef de corps prudent et brave.

» M. de Cathelineau et tous les mobiles du 3me bataillon ont été unanimes pour nous vanter le sang-froid et le courage du commandant Marty.

» Toutes les compagnies, mais surtout les premières, ont résisté vaillamment aux Prussiens, et, pendant qu'elles imprimaient un temps d'arrêt à la colonne ennemie qui menaçait le plus la petite ville de Vibraye, le corps de Cathelineau opérait sa retraite en bon ordre. Malheureusement, il en a coûté quelques hommes à notre bataillon ; mais, grâce à l'intrépidité de nos mobiles, un grand résultat a été obtenu, non-seulement pour le corps auquel ils appartiennent, mais encore pour toute l'armée, puisque la brigade du général Rousseau, venant de Nogent-le-Rotrou, a pu faire sa jonction avec le reste de la division.

» Dans cette affaire, le capitaine Philipparie et sa compagnie ont eu à défendre, sur la route de Montmirail, un pont miné par l'ennemi ; ils l'ont gardé longtemps, et n'ont battu en retraite qu'au moment où tout danger avait disparu pour le corps d'armée, et où eux-mêmes avaient à craindre d'être enveloppés.

» D'un autre côté, sur la route de Saint-Calais, le capitaine Perrot, à la tête de sa compagnie, secondé par le lieutenant Laroussie, qui n'en est plus à faire ses preuves (affaire de Bonne-la-Rollande), le capitaine de Gardonne et son lieutenant Rey, le lieutenant Gay, commandant la quatrième, et le sous-lieutenant de Maublanc, avaient gravi un coteau au pas gymnastique et harcelaient les Prussiens.

» Si là nos troupes n'avaient eu à faire qu'à ceux venant de Montmirail, elles restaient maîtresses des po-

» sitions ; mais de Saint-Calais et de la Ferté de fortes » colonnes ennemies arrivaient. Il fallut se replier dans » les bois, en traversant sous le feu de l'ennemi une » rivière glacée ; néanmoins, le but était atteint, le corps » principal était loin, et nos mobiles pouvaient se reti- » rer avec la conscience d'avoir rempli leur devoir avec » dévouement, et d'avoir sauvé une brigade tout entière » et son matériel.

» Dans cette circonstance, tout le monde a fait son » devoir, et avec ceux qui se sont le plus distingués, » nous citons avec joie les sergents Larivière, Barreau, » Tourenne, Debord et Dartenset ; le caporal Bloy, les » mobiles Laluque et Goursolles.

» Comme dernier épisode, nous dirons que le comman- » dant Marty, l'adjudant-major Lagorce et le docteur » Lombard, qui étaient retournés à Vibraye, après la » fusillade, pour vérifier l'état des lieux et secourir nos » blessés, en sont sortis au moment où la colonne prus- » sienne arrivait sur la place ; ils n'ont dû qu'à la vitesse » de leurs chevaux de ne pas être faits prisonniers.

» Nous sommes heureux d'avoir à remercier le docteur » Lombard pour les soins intelligents et incessants qu'il » prodigue à nos mobiles. Cela n'étonnera pas ceux qui » le connaissent ; mais nous tenons à lui donner publi- » quement ce témoignage de reconnaissance de la part » des mobiles et des familles dont nous sommes les in- » terprètes.

» De là, nos mobiles ont été dirigés sur Montfort ; ils » ont concouru à la garde et à la défense de cette ville. » Le lendemain, ils étaient à Fatine, où les francs-tireurs » vendéens ont perdu plusieurs hommes. Enfin, au mo-

» ment où la résistance devenait impossible, ils ont » opéré un mouvement de retraite, et, après une longue » marche dans la neige, ils sont arrivés à Château-» Gontier, où ils prendront un peu de repos, bien mé-» rité après quatre mois de campagne.

» Nous sommes arrivés à temps pour assister, le 26 » janvier, à dix heures du matin, à un service religieux » célébré pour nos braves tombés sur le champ de ba-» taille. Le bataillon et tous les francs-tireurs vendéens » assistaient à cette imposante cérémonie.

» Nous avons applaudi au discours énergique et plein » de cœur du général Cathelineau, que tout le monde » sait aujourd'hui si bien apprécier.

» Ce qui nous a encore frappés, c'est la bonne tenue » de nos Périgourdins et leur bonne mine sous leur » costume rapiécé et plus que jamais insuffisant.

» Nous avons vu sur notre route, et à côté des nôtres, » d'autres bataillons de garde mobile; tous sont bien » vêtus, tous bien chaussés, tandis que les nôtres man-» quent de tout, à tel point que plusieurs des mobiles » du Périgord ne possèdent qu'une seule chemise, et » encore il faut noter que c'est celle qu'ils ont emportée » il y a quatre mois.

» Avant notre départ, nous avons signalé cette situa-» tion, que nous connaissions déjà; partout on nous a » répondu que, pour obtenir des effets d'équipement » militaires, il fallait suivre des formalités adminis-» tratives.

» Les formalités nous paraissaient bien simples en » présence des faits suivants que nous avons expliqués » à toute personne intéressée. Le 17 décembre, à Châ-

» teauroux, en notre présence, M. X..., attaché à l'ha-
» billement des mobiles et membre du conseil d'admi-
» nistration, nota qu'il manquait à nos mobiles des guê-
» tres, des chemises et des capotes. Il promit au com-
» mandant Marty de les lui faire parvenir dans le plus
» bref délai possible, et, depuis cette époque, le 3me
» bataillon n'avait rien reçu à la date du 27 janvier.
» Nous reconnaissons qu'il y a presque toujours de
» grandes difficultés (et surtout des formalités) pour
» faire parvenir au 3me bataillon des effets d'équipe-
» ment ; mais les difficultés ne veulent pas dire impos-
» sibilité ; notre dernier voyage en est une preuve.

» Quoiqu'il en soit, ils n'ont rien reçu et ils ont besoin.

» Il serait facile de porter à Château-Gontier, où le
» bataillon est en résidence momentanée, tous les effets
» qui leurs sont indispensables.

» Nous avons à remercier le comité des dames de
» Périgueux, qui a mis à notre disposition six colis que
» nous avons distribués aux mobiles les plus nécessi-
» teux.

» Le bataillon nous a priés de remercier nominative-
» ment Mmes de Laurières, de Saint-Mamet ; Méran et
» Paradol, de Périgueux ; Marc Montagut, de Marsac, et
» de Raymond, de Sarliac, pour les dons qu'elles ont bien
» voulu nous confier.

» Nous avions emporté beaucoup de paquets, de lettres
» et d'argent envoyés par les familles ; nous avons nous-
» mêmes remis à chaque mobile ce qui était à son adresse,
» et de plus nous avons rapporté plus de cinq cents let-
» tres que les mobiles écrivaient à leurs familles.

» M. de Cathclineau, l'un des intrépides et sincères

» défenseurs de la France, a reçu vos délégués avec » sympathie et bienveillance.

» Il nous a priés de dire aux familles du Périgord que » dans toutes les circonstances, les mobiles du 3me ba- » taillon se sont comportés en braves et qu'il serait bien » heureux pour la France que tous les mobiles égalent » ceux des quatre bataillons de la Dordogne.

» Nous avons été heureux d'apprendre que le gouver- » nement de la défense nationale venait de nommer » M. de Cathelineau commandant en chef des forces de » l'Ouest.

» Cela lui permettra, sans doute, de faire accorder » aux mobiles du 3me bataillon, qui n'a pas à se féliciter » de la bienveillance de tout le monde, l'avancement que » méritent la plupart de ses officiers.

» Voilà, Monsieur le Préfet, le résultat de notre mis- » sion, moins une foule d'incidents qui, nous étant per- » sonnels, ne vous intéresseraient pas beaucoup.

» Daignez agréer, Monsieur le Préfet, l'assurance de » notre dévouement et de notre parfaite considération.

» *Signés* : VERGNOL et EYMERY. »

Le même numéro contenait une note dans laquelle on considérait comme prochaine la nomination de M. Marty au grade de lieutenant-colonel. Je ne reviens pas sur cette question.

Enfin, la troisième feuille, journal de Bordeaux, du 18 février, contenait le rapport de M. de Cathelineau au général Chanzy. Le voici dans toute son exactitude :

RAPPORT

De M. de Cathelineau, commandant les corps francs de la Vendée, au général Chanzy, commandant la deuxième armée.

« MON GÉNÉRAL,

» Depuis que je me suis adressé au ministre pour » avoir des récompenses, des faits de guerre d'une im- » portance grave se sont passés pour nous.

» Pendant trois semaines, j'ai occupé la forêt d'Orléans, » dont la garde m'avait été confiée. J'ai toujours » repoussé l'ennemi et toujours conservé l'avantage dans » les différents engagements où j'ai eu à faire donner » mes troupes.

» Lorsque la forêt a été prise par l'ennemi, je suis » retourné l'occuper sur l'ordre qui m'en avait été » donné, et, lorsque j'ai été obligé de céder devant les » masses prussiennes, j'ai fait au milieu d'elles une » retraite heureuse, mais non exempte de grands dan- » gers. Cette retraite s'est opérée dans un ordre si par- » fait qu'il m'a été partout facile de recueillir des vivres » et des caisses de cartouches abandonnées.

» Cette retraite, après les combats de chaque jour » que je vous ai signalés plus haut, à mon avis, mérite » récompense.

» Enfin, sur votre ordre, mon général, je suis allé à » Montmirail y établir les extrêmes avant-postes de » votre armée.

» Vous savez ce que j'y ait fait.

» Depuis, à Vibraye, j'ai eu à soutenir le premier choc » de trois colonnes prussiennes venant de Saint-Calais,

» Montmirail et la Ferté-Bernard. Grâce aux mesures » que j'avais prises, à l'énergie des officiers sous mes » ordres et à l'élan des troupes qui ont eu à défendre le » pont de Vibraye d'un côté, et de l'autre à opérer un » mouvement offensif sur le flanc des colonnes enne- » mies pour couvrir la retraite de mon artillerie et de » mes bagages, j'ai pu arriver, non sans des pertes » sérieuses dans ce combat, jusqu'à Monfort.

» Là, j'ai contribué à la défense de cette ville. Nous » avons résisté à l'ennemi en avant de Chamagné ; et » là encore nous avons perdu beaucoup de monde.

» A Fatine, nous avons protégé la retraite de la divi- » sion Rousseau, qui, sans nous, eut été coupée.

Nous sommes restés les derniers à la Guerche, d'où » nous ne sommes partis que lorsqu'il ne restait plus » ni un bataillon, ni un bagage.

» J'ajouterai que, depuis le commencement de la cam- » pagne, mes troupes n'ont eu aucun repos, et que, » sans cesse aux avant-postes, elles ont eu les missions » les plus périlleuses et les plus difficiles.

» Les fatigues, les combats, les marches ont plus que » décimé mon corps ; ce qui ne m'a pas empêché d'ac- » cepter toujours et sans le moindre délai, les missions » qui m'ont été confiées.

» Je viens donc, mon général, sur l'avis que vous » m'en avez donné, vous faire connaître les noms des » officiers qui ont mérité, soit des distinctions, soit des » grades.

» Je le fais avec la plus stricte réserve, ne deman- » dant des récompenses que pour ceux qui, par leurs

» faits de guerre, se sont signalés d'une façon toute » particulière.

» J'ai l'honneur de joindre à ce rapport :

» 1° La liste des récompenses ;

» 2° La liste des promotions à des emplois supérieurs ;

» 3° La liste des promotions nécessitées par les pertes » que j'ai faites et les besoins de mon corps.

» J'ai l'honneur, mon général, etc., etc.

» *Signé* : CATHELINEAU. »

On remarque deux choses dans ce rapport : M. de Cathelineau s'intitule *commandant des corps francs de la Vendée* ; il aurait pu dire en quelques mots, et ce n'eut point été long, qu'il n'avait pas que les corps vendéens. Mais non ; son but eut été manqué. Ce sont les Vendéens seuls qui triomphent et doivent triompher ; et là, comme avant, comme après, ce ne sont pas des Français qui combattent pour la France, ce sont des Vendéens. Nous insistons là-dessus, parce que plus tard nous aurons peut-être occasion de nous appuyer sur cette preuve pour juger M. de Cathelineau, comme homme politique, et pour trouver la raison de ses agissements.

Quant à la stricte réserve avec laquelle il demande des récompenses, c'est un fait que nous pouvons constater. Il a été, en effet, bien réservé, puisqu'il n'a même pas fait mention de notre bataillon, qui a défendu Vibraye à lui seul. Le commandant, avons-nous dit plus haut, avait pourtant adressé un rapport à ce sujet. Qu'était-il devenu ? Nous le saurons peut-être. Quelques jours auparavant, le capitaine Perrot avait été décoré. Etait-ce sur la demande de notre général ou bien par le ministère de la marine ? M. Perrot, avons-nous dit aussi, était enseigne de vaisseau. Il avait depuis longtemps la médaille militaire et avait été porté trois fois pour la légion-d'honneur, pour sa belle conduite pendant la guerre du Mexique, soit à bord, soit comme commandant d'une compagnie de débarquement.

Le 18 et le 19, il y eut un grand mouvement de troupes à Château-Gontier, se dirigeant les unes vers Saumur et les autres vers Poitiers. Nous revîmes le lieutenant Labattut, qui avait été attaché quelques jours auparavant à l'état-major du général Colin, dont son frère avait été aide-de-camp. Enfin, le 21 février, nous sûmes que l'on nous transférait à Angers : l'armistice avait été prolongé.

Nous quittâmes Château-Gontier à regret ; nous avions trouvé bon cœur et bon vouloir chez les habitants. Notre bataillon s'y était reposé ; beaucoup d'absents étaient venus nous y rejoindre. Nous partîmes au complet, équipés à neuf et dans de bonnes conditions pour continuer la campagne. Si nous emportions un bon souvenir des habitants, eux, en retour, nous dirent adieu avec intérêt. Nos mobiles avaient su se gagner les esprits par leur bonne tenue. Si le commandant ne leur faisait pas prier Dieu sur la place publique et ne s'occupait pas du salut de leurs âmes, il veillait activement sur eux, et avait mis à profit le séjour de Château-Gontier pour compléter leur instruction et leur éducation militaire. Qu'ils fussent libres-penseurs ou enfants de Marie, peu lui importait, pourvu qu'ils fussent bons soldats et honnêtes gens.

La 4me, la 5me et la 6me compagnies restaient à leurs

postes respectifs jusqu'à nouvel ordre ; nous couchâmes au Lion-d'Angers le 22, jour du mardi-gras ; les officiers des francs-tireurs offrirent un punch aux officiers de la mobile.

Le 22 février, après avoir déjeuné à la Membrolle, que nous devions revoir encore deux fois, nous fîmes notre entrée à Angers à quatre heures du soir, après avoir attendu M. de Cathelineau pendant deux heures et fendant les flots d'une population qui professait alors pour lui et les Vendéens une grande estime et une profonde admiration.

CHAPITRE VII.

Angers. — La Membrolle. — Licenciement. — Epilogue.

La division Cathelineau établit son quartier-général à Angers ; le 24 janvier, nous quittâmes la caserne des Lices pour nous rendre à la Membrolle, à treize kilomètres de là. Nous faisions partie de la première brigade à la tête de laquelle était placé le commandant Marty ; elle était disposée de la manière suivante : la 1re ligne, partant de Gréez, passait par Pruillé, la Membrolle (1re, 2me et 3me compagnies), Juigné, Béné, (4me, 5me et 6me compagnies), Montreuil, Avrillé et faubourg d'Angers ; la seconde ligne occupait Vern, Brain-sur-Longuenée (7me compagnie), le Plessis-Macé et la Meignane. Elle défendait ainsi la rive droite de la Mayenne, du Lion-d'Angers à Angers ; parmi les troupes qui la composaient se trouvaient le 3me bataillon de la Dordogne, commandé alors par M. Dereix, le bataillon de la Haute-Garonne et un régiment de mobilisés d'Ille-et-Vilaine ; le commandant Marty faisait fonctions de général de brigade, le capitaine Perrot de chef d'état-major et le capitaine Lagorce d'officier d'ordonnance ; ce dernier avait été remplacé dans ses fonctions d'adjudant-major au bataillon par le lieutenant de Roffignac.

Le 26 février, la 7me fut envoyée à Montreuil. Les francs-tireurs étaient restés à Angers, où M. de Cathelineau avait, ainsi que nous l'avons dit, son quartier-général.

Le 27 février, la population Angevine qui voyait avec déplaisir les francs-tireurs se livrer en public à leurs pratiques religieuses, se souleva contre eux ; une rixe s'ensuivit dans laquelle il y eut mort d'homme.

L'émotion fut grande ; des rassemblements se formèrent et des menaces furent proférées contre M. de Cathelineau et les francs-tireurs. M. de Cathelineau appela en toute hâte son brave bataillon de la Dordogne. Réveillés au milieu de la nuit, nous arrivâmes à Angers vers quatre heures du matin. Nous n'eûmes aucun désordre à réprimer ; nous fûmes au contraire accueillis d'une façon sympathique. En homme sage, le général, qui ne voulait pas donner de prétexte à l'emeute, envoya les francs-tireurs dans une autre résidence et alla s'installer au château de la Thibaudière, entre la Membrolle et Angers. M. Marty le remplaça dans cette dernière ville, où notre bataillon succéda aux francs-tireurs, qui ne tardèrent pas à être licenciés. A cette occasion, M. de Cathelineau leur adressa l'allocution suivante qui fût insérée dans *l'Union de l'Ouest* du 8 mars 1871. Nous la reproduisons en partie :

« La Thibaudière, près Angers, 5 mai 1871.

» Mes Enfants,

» Le ministre de la guerre m'ayant fait savoir que les

» préliminaires de la paix étaient signés, vous devenez » libres. Retournez dans vos familles, qui, en vous » voyant, seront largement récompensées des sacrifices » que leur avait imposé votre départ.

» Lorsque, il y a six mois, je vous appelai près de » moi pour repousser l'ennemi, qui s'avançait rapide- » ment dans notre patrie, je poussai le cri si cher à » notre pays : *Dieu et la France!* Vous l'avez entendu, » et, malgré des difficultés de tout genre, vous m'avez » entouré.

» Huit jours ne s'étaient pas encore écoulés, que le » gouvernement de la Défense nationale pensait à nous, » et nous confiait une mission que nous avons pu remplir » avec honneur et gloire.

. . . .
. . . .
. . . .
. . . .
. . . .

» Si j'avais pu réunir ici le 3me bataillon de la Dor- » dogne, l'escadron du 10me chasseurs, je leur dirais » qu'ils ont été braves comme vous, généreux comme » vous, et que je les confonds dans la même estime et » le même amour.

» Avant de nous séparer, répétons à pleine poitrine » ce cri qui restera toujours notre devise : *Dieu et la* » *France!*

» *Signé :* CATHELINEAU. »

Le même journal contenait, à la suite de ce discours, un article que nous ne pouvons nous dispenser de rapporter *in extenso*. C'est un véritable chef-d'œuvre de finesse et une preuve de plus du sans-gêne avec lequel nous étions traités ; il s'agissait de faire briller le corps vendéen.

Il est probable que le signataire était mal renseigné ; d'après lui, nous avons joué un rôle bien éphémère. Nous n'avons pas la prétention de diminuer en rien le mérite des officiers de francs-tireurs cités dans cet article ; nous sommes les premiers à en convenir ; mais nous voulons, comme toujours, revendiquer la part qui nous revient. Nous aurions réclamé plus tôt contre les assertions contenues dans ce factum ; mais nous avions déjà, lorsqu'il a paru, l'intention d'écrire l'histoire de notre bataillon.

« On écrit de Château-Gontier, 27 février 1871 :

« Au moment où les volontaires de Cathelineau viennent de quitter notre ville, il faut dire bien haut qu'ils » emportent l'estime et les regrets de tous les honnêtes » gens. Ils ont su, dès leur arrivée, conquérir les sym» pathies publiques ; ce fut avec une véritable émotion » que, le lendemain des sanglantes batailles du Mans, » nous les vîmes se réunir, dans l'église Saint-Jean, » pour rendre un dernier devoir à ceux de leurs cama» rades tombés sur les champs de bataille où s'est trouvée » l'héroïque petite troupe. Elle a été diminuée des deux » cinquièmes par les balles prussiennes, le froid, les » fatigues et les privations de toute nature. On sentait » que ces braves avaient la conscience d'avoir, au milieu » des désastres de la patrie, accompli un grand devoir. » C'était à la fois très-digne et très-touchant.

» Depuis, j'ai voulu mieux connaître nos hôtes. J'ai » beaucoup questionné. Puisse l'un d'eux se décider » quelque jour à raconter les grands services rendus

» par ce corps d'élite. On verra que notre armée n'a pas » eu d'éclaireurs plus utiles, plus braves et mieux ren- » seignés. Après avoir, vers la fin d'octobre, très-habi- » lement manœuvré pendant quinze jours sur la rive » gauche de la Loire, entre Lailly, Beaugency, Cléry, » ils entrèrent les premiers dans la ville d'Orléans, où » ils firent trois cents prisonniers, et c'est M. de Ca- » thelineau qui fit savoir à nos troupes, victorieuses à » Coulmiers, qu'elles pouvaient occuper la ville.

» Pendant quatre semaines ils ont défendu, avec le » 3me bataillon des mobiles de la Dordogne, un bataillon » de turcos et la légion bretonne, les abords de la forêt » d'Orléans dans laquelle, chaque jour, les avant-gardes » prussiennes cherchaient à pénétrer.

» A Chambon, cinq cents volontaires de Cathelineau » ont obligé, après deux heures d'une fusillade meur- » trière, tout un régiment de chasseurs de la garde » royale, à se replier sur Nancray, en lui mettant hors » de combat près de cinq cents hommes.

» Tout le corps Cathelineau a prit part à la bataille » de Beaune-la-Rollande, cette sanglante bataille qui » eût été pour nos armes une grande victoire, si le 15me » corps, campé à quatre lieues de là, avait fait une dé- » monstration sur Pithiviers. Ce jour-là Paris pouvait » être sauvé. Quand vint l'heure de la défaite pour le » 15me corps de l'armée de la Loire, les volontaires ven- » déens, après avoir été aux extrêmes avant-postes depuis » les premiers jours de novembre, restèrent les derniers » dans la forêt d'Orléans. A quatre kilomètres d'eux, sur » leurs flancs, dix mille Prussiens marchaient vers la » Loire afin de couper la retraite de l'armée qui, le 20, » s'était battue à Beaune-la-Rollande.

» Les soldats de M. de Cathelineau sont unanimes » en parlant de leur chef, qui, par six fois, a eu l'habi- » leté de les faire passer au milieu des lignes ennemies. » Un officier très-intelligent et qui ne craint pas de » signaler avec une sincérité parfois amère les fautes » et les négligences, m'a parlé avec admiration de ces » retraites où M. de Cathelineau, toujours à pied et en » tête, donnant partout l'exemple pendant les marches » les plus fatiguantes, a déployé le plus étonnant sang- » froid; «je me serais fait tuer pour lui,» disait cet offi- » cier, tant il m'inspirait de dévouement et de respect.

» Les généraux Bourbaki et Chanzy se disputaient » l'avantage et j'ajouterai l'honneur d'avoir cette petite » armée d'éclaireurs; Chanzy l'emporta. Je ne vous dirai » point les souffrances de ce voyage de Bourges au » Mans par un froid de Sibérie. Au Mans, M. de Cathe- » lineau reçut l'ordre d'aller aux extrêmes avant-postes. » Il occupa Montmirail pendant quinze jours, épiant les » mouvements de l'ennemi; enlevant des convois de » réquisitions, décourageant les incursions des hulans. » Ce fut lui qui apprit au général Chanzy, à jour fixe, » la marche sur le Mans de la formidable armée du » prince Frédéric-Charles. Sa petite troupe, composée » du brave 3me bataillon de la Dordogne et de ses francs- » tireurs, reçut à Vibraye le premier choc des avant- » gardes prussiennes qui s'avançaient par la route de » Montmirail, de Mondoubleau, de la Ferté et de Saint- » Calais. Il s'est passé là un fait militaire dont tout le » monde parle avec éloge.

» Chargé de protéger la retraite de la colonne par une » défense désespérée, le capitaine Sarrebourse d'Aude- » ville a pu, avec trente hommes d'élite, repousser par

» une fusillade des plus meurtrières une avant-garde » d'environ huit cents Prussiens qui voulaient entrer au » pas de charge dans Vibraye. L'affaire dura une demi-» heure, et ce n'est qu'après un ordre formel de retraite » que M. Gustave d'Audeville a quitté avec ces braves la » position où tous lui avaient promis de mourir. Les » officiers de M. de Cathelineau m'ont souvent parlé de » cette affaire et de l'intrépide capitaine qui, calme au » milieu des balles, ne s'occupait que du tir des volon-» taires, excepté vers la fin où, saisissant le chassepot » d'un soldat tué, il faisait feu comme les camarades. » Près de lui se tenaient de vaillants volontaires, le sous-» lieutenant Delaunay, les sergents Lescot et Cullerieu » et trois anciens gendarmes pontificaux dont chaque » balle descendait un prussien. Le capitaine d'Audeville, » m'assure-t-on, a été porté pour la décoration ; je le » crois sans peine.

» De Vibraye, la colonne se dirigea sur Montfort, où, » pendant trois jours, elle a pris part à la bataille du » Mans, en avant de Montfort : au pont de Gennes, » avec les marins ; au pont de Bourrée, dont elle empê-» cha le passage par l'ennemi ; à Fatine, où elle pro-» tégea, de six heures du soir à cinq heures du matin, » la retraite du général Rousseau.

» Puis elle effectua elle-même sa retraite, quand le » Mans fut pris, en parfait bon ordre, suivant son artil-» lerie et son convoi.

» M. de Cathelineau est un chef aussi habile que pro-» fondément brave ; il faut ajouter qu'il a été fort bien » secondé par des officiers de mérite et des hommes de » cœur, tels que MM. de Puységur, Quériaux, de Co-

» queray, de Curzon, Lefèvre, de Joannis, Joanisétou, » Le Hénoff, Le Corr, d'Audeville, du Raysi, de Car- » valon, de La Roche, etc......... Plusieurs compagnies » comptaient, pendant la campagne, des sous-officiers » et des volontaires qui, comme MM. de La Rochette, » de Chabrol, O'Maiphy, O'Mahoui, des Ormeaux, de » Griffolet, etc........, auraient bien pu faire d'excellents » officiers, et qui ont tous prouvé au feu combien nom » oblige.

» L'un de ces jours, je raconterai des traits admirables » de courage et d'abnégation des aumôniers de l'armée » de Cathelineau.

» *Signé* : DU HANLAY. »

Il n'est nul besoin de commentaires ; on sait qui défendit le pont de Vibraye, et quelle part est due au 3me bataillon de la Dordogne pour son héroïque conduite en cette circonstance.

L'auteur de cette lettre fait, à juste titre, l'éloge de certains officiers ou simples volontaires. Seulement, puisqu'il citait des noms, il aurait dû parler du capitaine Auguis, commandant les éclaireurs à cheval, qui, pendant toute la campagne et notamment à Vibraye, a fait preuve de bravoure et d'abnégation.

Nos mobiles avaient été casernés dans différents établissements de la rive droite ; ces logements, destinés à des troupes de passage, laissaient à désirer sous tous les rapports ; non-seulement ils étaient mal situés, mal aérés, mais, de plus, la paille sur laquelle couchaient les hommes était réduite en poussière et infectée de parasites de toute nature. Des réclamations furent adressées à l'autorité supérieure, avec rapport concernant l'insuffisance et le mauvais état de ces casernements ; elles furent sans aucun résultat, et, le 16, le bataillon reçut avec joie l'ordre de retourner à la Membrolle, où l'état-major de la 1re brigade alla s'installer de nouveau. La 1re et la 2me restèrent à la Membrolle ; la 3me fut envoyée au Plessis, la 4me à Pruillé ; la 5me, la 6me et la 7me allèrent occuper Gréez et Neuville. Depuis quelques jours déjà, le désarmement des gardes mobiles et des mobilisés avait commencé partout.

Les Bretons de la division Cathelineau étaient déjà licenciés ; voici la proclamation qu'il leur adressa :

« Bretons de ma division,

» Vous avez entendu les adieux de votre général en » chef, les conseils qu'il vous donne. Partez et retournez » dans vos foyers que vous aviez quittés, pleins de force » et d'énergie, pour marcher contre l'ennemi.

» Des difficultés sans nombre vous avaient arrêtés; » sans armes et sans chaussures, malgré le froid et la » neige, vous étiez restés ce que vous fûtes toujours : » des soldats patients et braves. Moi qui vous connais- » sais, je vous ai demandés au général Chanzy ; avec » vous, je savais que jamais notre pays ne serait en- » vahi. Ma demande fut acceptée par le ministre de la » guerre, et l'armée de Bretagne fut formée, sous le » commandement en chef de général de Colomb.

» Vous alliez marcher à côté des zouaves, dont l'éner- » gique bravoure est légendaire, à côté d'autres batail- » lons redoutés de l'ennemi pour les pertes sérieuses » qu'ils lui avaient fait éprouver. Vos divisions avaient » pour chefs des hommes dont les noms vous étaient

» connus, les uns illustres depuis longtemps, les autres » illustrés pendant la guerre : j'étais plein d'espoir, et » la résistance me paraissait certaine.

» Mais la France, épuisée, avait besoin d'une trève.... » elle n'a pu l'obtenir qu'à des conditions qui la bles- » sent profondément. L'ennemi, trop fier de sa victoire, » a oublié que, même battu, le Français était indomp- » table. Partez donc, profitez de ce temps de repos, et » préparez-vous à de nouveaux combats par le travail » et la bonne conduite. Songez au Dieu de vos pères » qui leur donna si souvent la victoire. Il vous la don- » nera encore, et un jour viendra où nous pourrons » ensemble délivrer nos frères captifs et rendre à la » France son sol et son honneur.

» Au revoir donc, merci à mes commandants de bri- » gade Marty, Paris, de la Martinie et de Saisy.

» Merci à tout le corps d'officiers du concours bien- » veillant qu'il a bien voulu me prêter.

» Chefs et soldats, séparons-nous en poussant le cri » mille fois répété de : *Vive la France !*

« (*Union de l'Ouest*, 15 mars 1871.) »

Le 3me bataillon de la Dordogne, qui avait promené fièrement ses haillons et ses armes pendant toute la campagne, orgueilleux à juste titre des éloges qu'il avait reçus pour sa conduite, aurait désiré rentrer dans son département avec armes et bagages ; une demande collective fut adressée au général Marty, qui s'empressa de la transmettre au ministre de la guerre par l'intermédiaire de M. de Cathelineau. Il envoyait en même temps à ce dernier de nouvelles propositions de récompenses pour le bataillon ; bien que le capitaine Philip parie eût été décoré pendant notre séjour à Angers, il y avait encore un desideratum, puisque les soldats et les sous-officiers avaient été oubliés. La première-faveur nous fut refusée, parce que la mesure était générale, et que l'on ne pouvait y déroger pour un seul bataillon. Cette mesure nous affecta tous péniblement, les hommes surtout qui la considéraient comme humiliante pour eux. Il fallut pourtant se résigner. Pendant ce temps, les événements de Paris s'accomplissaient; tous les jours, des bataillons traversaient la Membrolle pour rentrer dans leurs foyers, et l'ordre de désarmement n'arrivait pas pour nous. L'oisiveté dans laquelle végétaient nos hommes, la vue de toutes ces troupes regagnant leur pays, les senteurs du printemps, dont les bouffées leur montaient au nez et leur rappelaient à chaque instant qu'ils avaient, eux aussi, un chez soi et une famille qui les attendaient, ne tardèrent pas à les surexciter, et des symptômes d'impatience se manifestèrent. A toutes ces causes, nous pouvons joindre aussi l'impression produite par certains placards colportés dans les compagnies on ne sait par qui, et qui, montrant à nos mobiles la Commune de Paris sous les plus belles couleurs, leur faisaient croire que chacun de ses membres était un héros contre lequel on voulait les mener.

Officiers et soldats, tout le monde était dans l'anxiété; enfin, le 19 mars, à l'appel de l'Assemblée nationale, le bataillon de la Dordogne, qui montrait tant d'ardour pour marcher à l'ennemi, resta morne et silencieux. Outre les causes que nous avons indiquées plus haut, il en est une que nous ne devons pas taire non plus. M. de Cathelineau avait certainement donné des gages de patriotisme; mais, au moment où ces faits se passaient, tous les partis s'agitaient en France ; la République était considérée comme une bâtarde, s'introduisant subrepticement dans une honnête famille ; nos hommes craignaient, en restant sous le commandement de M. de Cathelineau, de servir d'instrument à une restauration monarchique. S'ils avaient eu la certitude d'avoir à lutter contre les anarchistes et les pétroleurs, ils auraient marché à la voix de leur vieux commandant ; mais ils doutaient, et, dans la crainte de concourir à la guerre civile entre honnêtes gens de tous les partis, ils préférèrent s'abstenir, au risque de passer pour des lâches. Nous ne voyons que ce motif qui puisse sérieusement expliquer leur attitude ; la majorité, la grande majorité était brave et honnête. Quoiqu'il en soit, le 27 mars, au point du jour, sans que rien ait pu faire pressentir une pareille résolution, les mécontents, au nombre de 400 environ, se réunissaient sans bruit, avec armes et bagages, pour aller se faire désarmer à Angers. Le corps d'officiers se porte au milieu d'eux pour les arrêter : « Menez-nous contre les Prussiens, disent-ils, nous vous » suivrons, mais contre nos frères de Paris, contre des » Français, jamais. » Des émissaires de l'Internationale avaient certainement passé par là ; nous le croyons avec d'autant plus de fondement que, dans un village, auprès de Châtellerault, trois de nos officiers, tous trois dignes de foi, en rencontrèrent un en train d'embaucher leurs ordonnances ; ce jour-là, il perdit son temps et sa peine. Nos exhortations furent inutiles, tout en protestant de leur affection et de leur respect pour nous, de leur vénération pour le père Marty, et ils étaient de bonne foi, ils continuèrent leur chemin.

Le général Cathelineau envoya une dépêche au général

en chef qui prescrivit le désarmement immédiat des récalcitrants et leur renvoi par étapes dans leurs foyers ; le reste du bataillon devait partir immédiatement pour Châtelleraut, où il serait désarmé et réintégré à Périgueux par le chemin de fer. Ce même jour 27, nous partîmes donc, à midi, de la Membrolle, avec un peu plus de la moitié du bataillon, attristés de la défection de nos camarades. En passant à Angers, une centaine des égarés, revenus à de meilleurs sentiments, rentrèrent à leurs compagnies. Le commandant fut heureux du retour de ces enfants prodigues ; il l'eut été bien davantage si l'exemple avait été suivi par tous les récalcitrants. Il fit bien d'être indulgent, il aurait eu tort, suivant nous, si, suivant les conseils d'un tiers que l'affaire n'intéressait pas, il avait exhorté les autres à rentrer avec nous ; la réussite eut été une bonne chose, mais un échec eut été terrible, dans l'un et l'autre cas, il aurait compromis sa dignité. Nous laissâmes à Angers le capitaine Laroussie, le lieutenant de la Bardonnie et le sous-lieutenant de Maublanc pour présider au désarmement et ramener à Périgueux ceux qui venaient de rompre avec nous.

Le même soir, nous allions coucher à la Pyramide.

Nous commencions un splendide voyage, mais dans quelles conditions ! Non-seulement nous avions à gémir sur les malheurs de la France, mais nous avions encore à déplorer l'égarement de quelques-uns des nôtres, leur défection, leur folie, au moment où nous pouvions rentrer dans nos foyers avec un légitime orgueil.

Le 28, nous quittâmes la Pyramide et ses ardoisières connues dans toute la France ; de là, nous allions coucher aux Rosiers, où la Loire atteint sa plus grande largeur, et, le lendemain 29 mars, nous arrivions à Saumur. Le bataillon de la Haute-Garonne nous y avait précédés, et, le soir, les officiers des deux corps se réunissaient pour se dire adieu, car c'était là que nous devions nous séparer ; depuis longtemps déjà, nous avions serré la main pour la dernière fois aux Vendéens et aux chasseurs. Nous ne faisions pas de sentimentalisme, mais nous devons dire que la séparation fut pénible ; c'étaient les deux derniers membres d'une famille qui se séparaient, le premier et le dernier chaînon qui se brisaient. Trouverons-nous jamais nos amis de la campagne ? Nous l'ignorons, mais pour nous ce sera toujours avec joie que nous les reverrons.

Le 30, nous arrivions à Chinon ; sur notre route, nous avions admiré les maisons taillées dans le rocher, le château de Montsoreau, l'église de Taudes et son château ; de là nous gagnions Richelieu, où nous passâmes la journée du 31. Inutile de décrire Richelieu. Lafontaine en a parlé dans son voyage en Limousin, et la ville n'a pas changé d'aspect depuis la visite du fabuliste. Le château du cardinal n'existe plus ; à sa place, on a établi une manufacture de couleurs, transformée en fabrique de cartouches au moment où nous y passions. Nous fîmes la grande halte à Champigny. C'est encore un village remarquable par une magnifique chapelle du XVIe siècle, ornée de vitraux d'une richesse incomparable, et dus aux meilleurs maîtres de la Renaissance. Enfin, le 1er avril, nous entrions à Châtellerault.

Le lendemain, dans la matinée, nos hommes firent la remise de leurs armes, et, immédiatement après, ils se réunissaient sur la promenade. Le commandant et le corps d'officiers s'y trouvaient; on fit l'appel comme d'habitude, et chacun reçut la solde qui lui revenait. En quelques mots, le commandant leur rappela ce qu'ils avaient fait, les engagea à se conduire comme citoyens ainsi qu'ils s'étaient conduits comme soldats, et les rangs furent rompus. Il y avait des larmes dans tous les yeux; le même soir, tous prirent le train pour Périgueux. Le 3me bataillon de la Dordogne n'existait plus; ses officiers restèrent à Châtellerault jusqu'au 4 avril au soir, et, le lendemain, ils arrivaient, à Périgueux, à midi.

L'entretien du bataillon n'avait pas été fort onéreux pour l'Etat et le département. En arrivant, son conseil d'administration versa entre les mains du conseil central une somme de vingt-deux mille sept cents francs d'économies; nous croyons que peu de bataillons en ont fait autant.

Chacun avait hâte de revoir sa famille et de s'y remettre des émotions des derniers jours, plus poignantes encore que celles du combat, car nous étions blessés dans notre orgueil d'officiers et de Périgourdins. Nous n'avons pas ici à instruire ce procès, ni à rechercher quels ou quels furent les instigateurs ou les complices de ce fait. L'incertitude dans laquelle nous tînt M. de Cathelineau y a contribué pour beaucoup.

Avant de se quitter, les officiers du 3me bataillon de la Dordogne se donnèrent rendez-vous au 11 avril, pour un banquet d'adieux. Aucun ne manqua à cette réunion, qui eut lieu à l'hôtel de l'Univers.

M. Guilbert, préfet du département; M. Vergnol, l'un des délégués auprès du bataillon; M. le commandant du 5me bataillon; M. Massoulié, capitaine-major, et quelques amis des officiers, voulurent bien répondre à l'invitation qui leur avait été adressée et assister à cette fête.

Plusieurs toasts ont été portés ; il en est deux surtout que nous tenons à reproduire. M. Vergnol prononça l'allocution suivante, à laquelle tout le monde applaudit :

« Boire au courage dont tout le 3me bataillon a fait » preuve durant toute la campagne ne serait que rap- » peler ce que tout le monde sait et garde dans sa mé- » moire pour se consoler des revers que la fortune au- » rait épargné à notre constance si la Dordogne eut été » la France.

» Quel département a mieux payé sa dette à la patrie ?

» Tout le monde a voulu participer à la lutte : tandis » que, loin de nous, vous aviez à subir les rigueurs » d'un hiver ennemi, une généreuse coalition s'était » formée dans notre pays pour apporter quelques sou- » lagements à vos souffrances.

» Je ne vous surprendrai pas, Messieurs, quand je » vous dirai qu'elle avait été formée par les dames du » Périgord.

» Vous parler de leur campagne en faveur des mo- » biles de la Dordogne serait trop long ; qu'il me suffise » de répéter ce que j'ai dit ailleurs : « Le comité des » dames de Périgueux était au premier rang, et Mme » Guilbert, dont la bienveillance doit vous être connue, » en était la présidente. » Ce que je ne vous ai pas dit, » c'est que tout ce qui se rattache au Périgord, soit par » des liaisons de famille, soit par une sympathie dont » on aime à se voir l'objet, avait aussi voulu être de la » coalition.

» Je veux vous parler, vous l'avez tous compris, de la » nièce du maréchal Bugeaud, Mme Fourichon, dont les » gracieuses attentions n'ont pas de quoi vous surpren- » dre.

» Aussi, Messieurs, outre le plaisir que j'éprouve à » raconter de pareils faits, je crois remplir un devoir » auquel faillir serait démériter et en vous proposant » de boire :

» *Aux dames du Périgord!*
» *Au comité des dames de Périgueux !*
» *Et à Mme l'amirale Fourichon.* »

M. le commandant Marty, se faisant l'interprète du bataillon tout entier, remercia, par quelques mots, M. Vergnol des paroles qu'il venait de prononcer, et tous les convives portèrent avec enthousiasme les santés qui leur avaient été proposées.

M. Bardet avait bien voulu se charger, au nom des officiers et de leurs familles, de remercier le commandant Marty du zèle et de la bravoure qu'il a montrés dans la conduite de sa troupe et des attentions toutes paternelles qu'il a eues pour chacun en particulier.

Le portrait que M. Bardet traça du commandant est une véritable photographie, et les chaleureux applaudissements qui accueillirent son discours lui prouvèrent qu'il était aussi juste dans ses pensées que dans ses paroles.

M. le Préfet prit la parole à son tour, et, avec le tact et la bienveillance dont il a fait toujours preuve, sut donner à chacun la part d'éloges qu'il méritait. Enfin, pour clore la séance, M. Vergnol présentant au commandant Marty une épée d'honneur, votée par souscription et sortie des ateliers de notre habile compatriote M. Mazeau, armurier, prit ainsi la parole :

« Les parents des mobiles du 3me bataillon m'ont » chargé d'être leur interprète auprès du commandant » Marty pour lui offrir une épée de reconnaissance.

» Je suis heureux de cette fête de famille qui nous » réunit, puisqu'elle me permet d'offrir cette épée en » présence des officiers du bataillon.

» Oublier de dire que chacun partage sa reconnais- » sance, entre le commandant et ses officiers, serait » oublier qu'eux aussi étaient à la peine.

Le commandant Marty répondit :

» J'accepte avec joie l'épée que vous avez bien voulu » me présenter ; c'est un gage de reconnaissance dont » je suis fier. Je regrette de n'avoir pu faire davantage » pour le pays et pour mon bataillon ; mais nous avons » la satisfaction et le légitime orgueil d'avoir tous con- » sciencieusement rempli la mission qui nous avait été » confiée.

» Notre regret est de n'avoir pu combattre à côté de » nos compatriotes, qui, eux aussi, ont fait vaillamment » leur devoir. Je remercie les pères de famille du Péri- » gord, je remercie aussi l'administration qui ne nous » a jamais oubliés, et je vous propose de boire :

» *Au Périgord !*

» *A M. le Préfet !*

» *Aux délégués du département !*

» qui n'ont pas craint de braver les fatigues et les dan- » gers d'un long voyage pour nous porter les dons et » les bonnes paroles de chacun, et enfin

» *Aux autres bataillons du département !*

M. le Préfet remercia en quelques mots et termina en engageant les convives à prendre, le soir même, un punch à la préfecture. Inutile de dire que sa gracieuse invitation fut acceptée, et, quelques instants après, tout le monde se sépara, chaque officier emportant avec lui l'estime et l'affection des camarades avec lesquels il avait vécu de la même vie pendant toute la campagne.

Dans ce livre, dédié au 3me bataillon, nous avons taché de raconter aussi fidèlement que possible tout ce qui s'est passé, sans acrimonie contre personne. Depuis que nous nous sommes séparés, notre commandant a reçu la croix d'officier de la Légion-d'honneur, c'était peu, l'adjudant-major Lagorce a été décoré et le vieux tambour Guivarche a reçu la médaille militaire. Qu'un sous-officier reçoive une récompense, et il n'est pas difficile d'en trouver un qui la mérite, et le bataillon aura été récompensé dans chacun de ses cadres, sauf nos deux délégués qui n'ont pas même eu de remercîments de la part des familles.

Aujourd'hui, chacun de nous est rentré dans la vie privée ; l'autorité des chefs n'existe plus en droit, ils ont celui pourtant de donner un conseil.

Sauf la défaillance de la fin, les mobiles du 3me bataillon se sont toujours bien conduits ; qu'ils restent dans la vie civile ce qu'ils étaient dans la vie militaire ; quant à leurs officiers qui les aiment, les estiment, ils n'ont jamais voulu que le bien du soldat et du pays. Si jamais il fallait reprendre les armes contre un ennemi, si les années et la maladie ne nous ont pas trop affaiblis, espérons que le 3me bataillon de la Dordogne qui se doit à lui-même une revanche, se montrera encore au premier rang et que, officiers et soldats, unis dans le même esprit, marcheront au cri de *Vive la France !* . . . .

A l'époque du licenciement, nos cadres étaient ainsi composés :

ÉTAT-MAJOR.

Commandant............................ M. Marty.
Capitaine adjudant-major.......... M. Lagorce.
Aide-major.............................. M. Lombard.
Payeur................................... M. Grange.

1re COMPAGNIE.	*Capitaine*.........	M. Philipparie.
	Lieutenant.......	M. Cantelauve.
	Sous-lieutenant.	M. Veyssière.
2me COMPAGNIE.	*Capitaine*.........	M. de Gardonne.
	Lieutenant.......	M. Rey (Maurice).
	Sous-lieutenant.	M. Lachaud, de Lanouaille.
3me COMPAGNIE.	*Capitaine*.........	M. Perrot.
	Lieutenant.......	M. de la Bardonnie.
	Sous-lieutenant.	M. Delmas.
4me COMPAGNIE.	*Capitaine*.........	M. Barbarin.
	Lieutenant.......	M. Gay.
	Sous-lieutenant.	M. Grange.
5me COMPAGNIE.	*Capitaine*.........	M. Eymery.
	Lieutenant.......	M. de Roffignac.
	Sous-lieutenant.	M. Monribot.
6me COMPAGNIE.	*Capitaine*.........	M. Laroussie.
	Lieutenant.......	M. Sudrie.
	Sous-lieutenant.	M. Lavy (Octave).
7me COMPAGNIE.	*Capitaine*.........	M. Isambert.
	Lieutenant.......	M. Bonnet.
	Sous-lieutenant.	M. de Maublanc.

PETIT ÉTAT-MAJOR.

Adjudant................................ M. Barrot.
Vaguemestre............................ M. Jouannein.
Caporal clairon....................... M. Augé.

www.ingramcontent.com/pod-product-compliance
Ingram Content Group UK Ltd.
Pitfield, Milton Keynes, MK11 3LW, UK
UKHW020253250726
13967UKWH00004B/1664